元気は、ためられる

Are You Fully Charged? The 3 Keys to Energizing Your Work and Life

Tom Rath
トム・ラス 著

Tomoko Bando
坂東 智子 訳

VOICE

〈凡例〉

・本書は、『ARE YOU FULLY CHARGED？』（2015年）の全訳である。ただし一部割愛した部分もある。
・本文中の＊は原注、※は訳者補注とする。

ARE YOU FULLY CHARGED?

by
Tom Rath

Japanese translation published by arrangement with
Missionday through The English Agency (Japan) Ltd.

人のために
プラスの変化を生み出すことに生涯を費やした
母、コニー・ラスへ

はじめに

あなたが十分に充電したら、いつもより仕事がはかどります。ほかの人たちとも、いつもよりいいやりとりができます。頭は冴えわたり、元気がみなぎります。そんな日は、ハイレベルのエンゲージメント（自分の会社に強い愛着を持ち、会社に貢献しようと、熱意を持って仕事をしている状態のこと）と幸福感を味わえます。こうした効果は人から人へと伝染するので、大切な人たちのために、好循環スパイラルを生み出すこともできます。

私が十分に充電したときには、いつもよりはるかに能率よく仕事ができます。いつもよりいい夫、いい父親、いい友人にもなれます。そしてなによりも、いつもより人の役に立てるのです。とはいえ、具体的にはどんな行動が日々の充電につながるかは、最近まではっきりわかっていませんでした。

私はキャリアのすべてを、職場でのエンゲージメント、健康、幸福（ウェルビーイング）の研究に費やしてきました。そうしたテーマで何冊か本も書きましたが、個人的には、どうしたら研究で得た知識を自分の1日の日課に組み込めるのかと、おおいに悩んでいました。結局のところ、自分の行動を改善できない限り、知識はほとんど役に立たないのです。

しかし幸いなことに、どんな行動が「1日の幸福」につながるかを調べる、新しい世論調査組織が誕生しました。それを調べるには、調査に参加した人々に質問して、彼らの日々の行動を追跡する必要があります。かつては、そうした調査には、多大な時間と費用がかかりました。結果的に、幸福の研究者たちは、人々の生活や仕事についての長期的、全般的な情報を集める調査法にたよることになりました。過去100年の幸福に関する研究は、ほとんどが、数年間あるいは数十年間の生活について質問したデータにもとづくものです。

人々は、それまでの生活を振り返るよう求められると、まずは、健康状態や金銭状態といった幅のある側面について考えます。しかし困ったことに、そうした調査結果は、人々の生活を日々改善していくには、ほとんど役に立ちません。健康状態は、長い年月のトータルで決まりますし、金銭状態も数日間では決まりません。ですから私は、人生に大事なものを探るには、ほかの調査法が必要だと考えていたのです。

「1日の経験」についての研究

今では、日々の行動を追跡するのにかかる時間や費用は、驚くほど低下しました。以前よりもはるかに簡単に、人々がなにを考え、どう感じ、なにをしているかを1日刻み、さらには秒刻みで調べられます。新しいテクノロジーのおかげで、研究者たちは調査に参加した人々に、今なにをしているか、だれと一緒か、どのくらい楽しんでいるかと、1日に何度も質問できるようになりました。センサーやウェアラブルデバイスを身につけてもらえば、行動を調べるのに、質問に回答してもらう必要さえありません。

私は、こうしたテクノロジーと新しい調査法のおかげで、「1日の幸福」を左右する要因についての知識が急速に増えました。研究者たちはそうした要因を「**1日の経験（デイリー・エクスペリエンス）**」と呼んでいます。「1日の経験」を構成するのは、1日のポジティブな経験とネガティブな経験（あるいはポジティブな感情とネガティブな感情）です。そして**1日の中で**、幸福感や楽しさ、ストレスといったいくつかの感情を覚えたかと質問することで、「1日の経験」の幸福度を評価できます。そうした「1日の幸福」の評価は、長期的な幸福度の評価とは、分けて考えなければなりません。この2つは、なにに時間やリソース（お金、労力）を注ぐのがベストかを考えたときに、全く異なる結論を導くからです。

例えば、昔ながらの長期的な幸福度評価では、あなたの収入を増やすことに多くの労力を注いだほうがいいと診断されることがあります。しかし、収入が増えるにつれて、幸福度のスコアが（ほぼ生涯にわたって）上がり続けたとしても、収入が一定の額に達してからは、収入が増えても「**1日の経験**」の実質的改善にはつながりません。

アメリカでの調査では、年間の世帯収入が7万5000ドル（約900万円。1ドル＝120円で換算）に達してからは、「1日の幸福」には、統計的に有意な改善が**全く**見られませんでした。この調査結果が発表されて以来、7万5000ドルという数字ばかりが注目を集めてきましたが、同じ調査で、収入が4万ドル（約480万円）に満たない層では、「1日の幸福」のほぼすべての要因が、収入の増加と関係していることもわかっています。結局のところ、食糧や住まいを確保し、日々の心配事から逃れるには、ある程度の収入が必要で、金銭的に安定したレベルに達したら、収入が増えたところで、明日がもっといい1日になる可能性は低いということです。

「1日の幸福」についての調査は、「経済的に豊かな国ほど国民の幸福度が高い」という常識もくつがえしました。以前に、研究者たちが長期的な幸福度を調べたときには、経済大国が国民の幸福度ランキングの上位を占めました。ところが、ギャラップ社が138カ国の人々に「1日の経験」について質問したときには、彼らの回答は、全く別のストーリーを伝えていました。「ポジティブな経験」のスコアが一番高かったのは、経済的な豊かさでは105位（国民1人当たりのGDPによる順位）のパラグアイでした。ギャラップ社の「1日の幸福度指標」でトップ10入りした国のうち、**4つの国は、経済的な豊かさのランキングでは、下半分**に含まれていました。

この調査結果は、私にとっては心強いものでした。「1日の幸福」は、お金をたくさん持っているとか、お金のある国に住んでいるといったことでは決まらないことを示しているからです。私は、長期的な評価と「1日の経験」の評価との違いを知って、「1日の経験」が大事だと思うようになりました。個人的には、私の10年後の幸福度がどうなるかということより、今日の私の笑顔とか、妻や子どもたちとの楽しいひとときのほうがはるかに大事に思えます。それに人々の手助けをするなら、人々の長期的な幸福度を高めるより、「1日の経験」を改善するほうが現実的です。

あなたの長期的な幸福度も大事でしょう。でも、数年とか数十年という長い年月ではなく、あなたのひとときや1日を有意義なものに変えることもできます。あなたの幸福度――さらには人々の幸福度――を改善するなら、今すぐに、改善することに専念したほうが簡単です。改善する一番の方法は、今日、小さくても有意義な行動を起こすことです。小さな改善を重ねることが、結局は、長期的な大きな改善につながるのです。

充電への3つの鍵

充電につながるものを見つけるために、私たちの研究チームは、数えきれないほどの記事や研究論文に目を通し、世界でもトップレベルの社会科学者たちにインタビューしました。(*1)そうした研究を通じて、「1日の経験」の改善につながる行動やアイデアを特定し、2600項目をリストアップしました。効果が立証されたものや、実際に役立つものを絞り込むうちに、根底にあるパターンが浮かび上がりました。次の3つの状態が、十分に充電している日と普通の日とを違うものにしていることがわかりました。

- 「意義」➡人の役に立つことを行っている。
- 「交流」➡ポジティブなひとときを、ネガティブなひとときよりもはるかに多く作っている。
- **「エネルギー」**➡心身の健康を改善する選択肢を選んでいる。

私たちは、世の人々の「意義」「交流」「エネルギー」の3つの部分がどうなっているかを把握するために調査を実施し、1万人以上の人々から回答を得ました。この調査で、多くの人が日常的にうまくいっていないことがわかりました。例えば、昨日1日を振り返ってもらう質問では、**「エネルギーにあふれていた」と回答したのは全体のわずか11%**でした。自分の能力を十分に発揮できていない人がたくさんいるのは明らかです。

能力を十分に発揮できていないので、仕事もたいしてはかどっていません。友人や家族との交流も、理想にはほど遠い状態です。ストレスが多すぎたり、運動があまりにも足りなかったりする日には、健康状態も悪化しています。

幸い、あなたは、森に引きこもらなくても人生の「意義」が見つかりますし、カクテルパーティーで新しい友人を見つけなくても、いつもよりいい「交流」ができます。マラソンや流行のダイエットを始めなくても、身体的な「エネルギー」を生み出せます。「1日の幸福」のどんなに大きな改善も、いくつかの小さな1歩から始まるのです。

（＊1）インタビューした社会科学者たちの研究については、本書の中でも紹介し、巻末の「参考文献」にも掲載している（情報の詳細は「tomrath.org」からアクセス可）。

INDEX

Part 3 エネルギー

Part 1

意義

meaning

調査では、

「昨日、有意義な仕事に多くの時間を費やした」

と回答した人は、全体の20%でした。

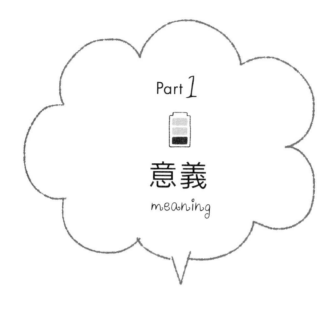

第1章

小さな成功に「意義」を見いだす

「今日の一日一善はなにをやろう？」

私は10代のときに、けっこう真剣にこれを考えるようになりました。それは、私が前もって決めるタイプだったからでも、悟ったからでもありません。16歳のときに、ガンと診断されたからです。私の左目の大きな腫瘍が原因で失明したことで、医師は私が、「フォン・ヒッペル・リンドウ病（VHL病）」という珍しい遺伝子の病気ではないかと疑いました。VHL病というのは、VHL遺伝子という強力なガン抑制遺伝子が働かない病気です。そこで血液検査をしたところ、VHL遺伝子の生まれながらの異常が確認されました。VHL遺伝子に異常があると、体のあちこちにガンが発生することになります。私が引いた遺伝子くじは、根本的にハズレだったのです。

医師は私にこう言いました。「年に一度1週間入院して、スキャンと検査を受けてください。それを生涯続ける必要があります」。医師たちは、私が入院している間に、私のガン――現在は、目、腎臓、副腎、すい臓、脊椎に発生しています――が大きくなっていないか調べます。そして必要に応じて、手術や化学療法をほどこします。それでも、すべてうまくいけば――これまでは、ほとんどそうでした――その週の終りに、命の1年間賃貸契約を新たに結んで、退院することになります。

契約を更新して命が1年間保証されると、私は元気が出て、一日一善に毎日取り組もうと思うのです。ガンと診断された当時を振り返って一番ありがたく思うのは、診断後も診断前と同じように「1日の幸福」を味わえたことです。診断前と変わったのは、ガンの脅威にさらされていたために、1日の一番大事な活動に、多くの時間を割くようになったことでした。

診断を受けてから、もう23年になります。私は相変わらず、どこか借りてきたような時間を過ごしていますが、自分の一生よりも長く残るものに取り組むことに、人生のほとんどを費やしています。私が費やす時間は、それが研究や執筆に費やしたものであれ、人間関係づくりや子どもたちとの遊びに費やしたものであれ、すべてが、私がこの世を去った後も続く将来への投資だと考えています。毎日小さな「意義」を見つけようとすることで、自分ではどうしようもない病気のことをくよくよ考えるのを防ぐことにもなっています。そうするうちに、心配している「死に方」よりも、「生き方」についてはるかに多くを学びました。実際のところ、自分の寿命があと何日なのか、何年なのかわからないのは、だれでも同じなのです。

私は研究と個人的な体験を通じて、今の社会では、「意義」を見つけることは、私に限らず、どんな組織にとっても大事なのだと気づきました。昔とちがって、企業も、学校、行政機関、家庭、慈善団体も、社会に有意義な貢献をしていると示すことが求められています。今では、人々が仕事に求めているのも、人の役に立つ有意義な仕事ができることです。私たちの調査では、1日の仕事時間の多くを有意義な仕事に費やしている人たちは、それ以外の人たちよりも、仕事に完全に打ち込む確率が250％も高いという結果が出ています。

ハーバード・ビジネススクール教授テレサ・アマビールと心理学者スティーブン・クレイマーは、仕事や人生の改善につながるものを見つけようと、7社の従業員238人から集めた1万2000の日誌と、職場での6万4000の出来事を分析しました。その結果について、彼らはこう記しています。「職場でのすべての出来事のなかで、従業員にとって最も大事なのは——断トツで——有意義な仕事を単に進めることでした」。この調査は、「意義」を築くのは、毎日少しずつ進んでいくプロセスであって、突然転がり込む大仕事ではないことも示しています。

小さな成功を重ねることが、有意義な進展につながります。あなたは今日の顧客を少しばかり元気づけたかもしれませんし、将来の人々に役立つ新製品を開発しているかもしれません。この週末に、会話を通じて大切な人の役に立てるかもしれません。有意義な進展につながるのは、そうした小さなひとときであって、大きな行動ではないのです。

「幸福の追求」はやめておく

「幸福」ではなく、「意義」を追求することで、人生が価値あるものになります。「幸福の追求」はアメリカ独立宣言で権利として挙げられていますが、幸福だけを目指すのは近視眼的です。「善行」よりも「自分の幸福」を優先したら、間違った方向に向かうことになります。

幸福を見つけることに人生を費やしても、それが見つかる可能性は低いのです。名声やお金を追い求めた場合と同様、幸福だけを求めたら、間違った方向に目を奪われて、判断を誤ることになるからです。

もちろん、「幸福」が良い状態であるのは確かです。幸福度が高い人と一緒にいるほうが、そうではない人と一緒にいるより楽しいです。私が「間違った方向に向かう」と言っているのは、常に**自分の**幸福を追い求めた場合のことです。あなたの大切な人たちやコミュニティーの幸福を求めるのは、価値ある目標になります。最近のいくつかの調査で、自分が幸福になろうとすると、むしろ幸福から遠ざかることがわかっています。

何人もの研究者がその原因を説明していますが、ひとつには、幸福になろうとすると、自分にばかり意識が向き、それが悪い結果につながるようです。ある研究者チームが、調査で、自分の幸福を重視する人ほど、日常的に孤独感を覚えることが多いという結果を得ました。そこで彼らは、それを実験で確かめました。実験の参加者たちに、幸福のメリットを並べ立てたニセ記事を読んでもらい、幸福を重視せざるを得ないよう誘導したところ、参加者たちは、「孤独感を覚える」と答えたそうです。さらに参加者たちの唾液を採取して、プロゲステロン濃度――孤独感を覚えたときに低下する――を調べてみたら、実際に、誘導前より下がっていたそうです。あなたが自分の幸福だけを求めても、つまらない感情を生み出すだけです。幸福を得ることに費やすのと同じくらいの時間を、人との有意義な交流に費やしましょう。そうすれば、「幸福」と「交流」の両方の面を改善できることになります。

「有意義な人生」を目指す

「幸福な人生」を目指す人もいれば、「有意義な人生」を目指す人もいます。その2つは重なる部分もありますが、どちらを目指すかで、時間の使い方が変わってきます。心理学者たちは、自分の幸福を優先するような人たちを「テイカー（自分の利益を優先させる人）」と呼んでいます。心理学者ロイ・バウマイスターのチームは両者の違いを幅広く調査し、こう述べています。「意義を伴わない幸福は、どちらかと言えば浅薄で、自己完結的、利己的ともいえる人生の特徴となっています」。一方、チームのキャスリーン・ヴォースはこう説明しています。「有意義な人生を送っている人たちは、人に『与えること』で大きな喜びを得ています」

バウマイスターは、次のように説明しています。「人間が動物と違っているのは、幸福を求めるところではなく、意義を求めるところです。ときには、意義を見いだすために、自分のニーズより人のニーズを優先し、幸福感がしばらく低下することもあります。それでも、人のニーズを優先したら、結局は、自分が置かれている状況の改善につながります」

どちらの生き方をしているかは、健康にも大きく影響するようです。ノースカロライナ大学の心理学者バーバラ・フレドリクソンのチームが、実験の参加者の血中細胞を調べたところ、「幸福」ではあるものの「人生の意義（「自分よりも大きな目的の追求」と定義されています）」を持たない参加者たちは、ストレスを感じているときの遺伝子発現パターンを示しました。この遺伝子発現パターンは、炎症反応を活性化することが知られています。つねに逆境に立たされている人も同じパターンを示します。この遺伝子発現パターンは、やがては慢性的な炎症を引き起こし、そうした炎症が心臓病やガンなどの病気につながります。フレドリクソンはこう記しています。「ポジティブな感情がない状態は、（中略）逆境にあるのと同じなのです」

残念ながら、この実験では、参加者の75％が「人生の意義」よりも「幸福」を求めるタイプでした。一方、「人生の意義」を見いだしている参加者たちは、自分は幸福だと思っている人もそうではない人も、ストレスを感じるときの遺伝子発現パターンを示しませんでした。つまり彼らの体は、常に圧力や脅威にさらされているときのような反応は示さなかったということです。

あなたが有意義な活動に取り組んでいたら、自分のことや自分の一時的なニーズを後回しにすることもあるでしょう。ですが、人のために自分の幸せを棚上げにしたすべての時間が、やがては、家族や組織、コミュニティーの強化につながります。結局のところ、自分の幸福だけを追い求めても、幸福は逃げていきます。あなたの人生と、周囲の人たちの人生を有意義なものにすることが、あなたの永続的な幸福につながるのです。

第2章 人生、仕事に「意義」を見いだす

歴史的に、「生きる意味」を見つけることは個人的な旅とみなされ、「生きる意味」は幅広い思索を通じて見つけるもの、あるいは困ったときに求めるものと考えられてきました。人生の崇高な目的を見つけることは、究極の実存的、哲学的目標と考えられています。「生きる意味」についての研究は、1946年に出版されたヴィクトール・フランクルの画期的な著書『夜と霧』[※1]の影響を受けてきました。この本は、フランクルが自身のナチス強制収容所での体験を記したもので、彼や囚人たちが「生きる意味（生きがい）」を見いだすことで、最も過酷な状況下で生き残ることができた様子を描いています。では、「生きる意味」は、そうした厳しい状況を耐えることでしか見つけられないのでしょうか？

実際には、フランクルが「生きる意味」の研究を始めたのは、強制収容所に入る何年も前のことでした。彼は医学生として、うつ病に苦しむティーンエイジャーの自殺を防ごうとしていたころに、「生きる意味」の研究を始め、強制収容所に入る前に、「ロゴセラピー」という心理療法を

完成させました。この療法の基本は、心の病を持つ患者が、現実的な目標と、「具体的、個人的な生きがい」を見つける手助けをすることです。フランクルはこう記しています。「幸福は、追い求めるものではなく、『結果』として起こるものです。幸福になるには、幸福になる『原因』が必要なのです」。フランクルは、この心理療法を使って、強制収容所の囚人仲間を手助けしたのです。

「ロゴセラピー」は、もともとは、若者がどのようにして「生きる意味」を見つけるかを示したものでしたが、はからずも近年行われた実験が、彼の観察が正しかったことを裏づける形になりました。２０１４年、研究者チームは、若者の脳が、自分を満足させる（快楽的な）行動と人の役に立つ（幸福感を生み出す）行動にどう反応するかを調べるために、ティーンエイジャーのグループを集めて手の込んだ実験を行いました。脳の反応を調べるのには、ｆＭＲＩスキャナー（機能的磁気共鳴画像診断装置）とアンケートを使いました。実験の参加者がｆＭＲＩスキャナーに入っている間に、研究者が、お金を貯めるシナリオとお金を家族に与えるシナリオを提示して、アンケートに答えてもらいました。同時に、若者たちのうつ症状の程度も検査しました。研究者チームは、こうしてデータを取り、その1年後に、彼らのうつ症状の変化をチェックしました。

その結果、人の役に立つ行為に最も大きな脳反応を示した若者たちは、1年間でうつ症状が大幅に軽減していることがわかりました。一方、自分を満足させる判断をした若者たちは、うつ病のリスクが高くなる傾向がありました。人の役に立つ有意義な行動には、脳を暗い気持ちから守る効果があったのです。そしてフランクルがキャリアの早い段階で観察した通り、人間の有意義な仕事への欲求は若い時期に芽生えることも、確認できたというわけです。

内面から充電する

私たちが有意義な仕事をしたいと思うのは、私たちの外側からの動機づけによるものではなく、内面からの動機づけによるものです。外側からの動機づけは「**外発的動機づけ**」と呼ばれています。あなたが見返りを得ることが目的でなにかを行ったら、あなたは外発的に動機づけられたことになります。給料や諸手当がもっといい会社に転職した場合も同じことが言えます。さらに、その会社で週に60時間働いて、ほかのだれかが勝手に設定した目標を達成した場合も同じです。結局そうした業績は、履歴書上で見栄えがいいですから、何年後かにだれかがあなたを評価するときの好材料になるわけです。

内面からの動機づけは「**内発的動機づけ**」と呼ばれています。内発的な動機は、心の奥深くにあるもので、外側からの動機よりもはるかに豊かです。生徒の成長がやる気の源になっている教師や、患者の健康改善が原動力となっている医師は、内発的に動機づけられていることになります。そういう教師や医師の場合は、自分の仕事の「意義」が内発的動機づけにつながっています。あなたがなにかを、たとえ見返りや報酬がなくてもやりたいと思ったなら、あなたは内発的に動機づけられたことになります。

最近の調査結果を見ると、どうやら内発的動機づけだけに専念したほうがいいようです。**外発的なインセンティブ（意欲を引き出すための刺激。報奨金）から動機を引き出した場合は、その動機がどんなものであれ、パフォーマンスが低下する恐れがあるのです。**イェール大学のエイミー・レズネスキーのチームが14年以上にわたって、米国陸軍士官学校の生徒たちの入学の動機を調べ、その後の追跡調査を行いました。その間に調査した生徒の数は1万3２０人にのぼります。調査の結果はチームにとって意外なものになりました。内発的な動機で入学した生徒たちは、外発的な動機で入学した生徒に比べて、士官学校を卒業する確率も、士官となる確率、昇進する確率、陸軍にとどまる確率も高いことがわかりました。しかし、内発的な動機（「兵士たちを率いたい」など）と外発的な動機（「もっと条件のいい仕事に転職したい」など）が両方とも強かった生徒たちは、内発的な動機で入学した生徒ほどの成功は収めていなかったのです。

チームの予測に反して、**2つ**の強い動機を持つ生徒たちは、成功を測るすべての指標で、内発的動機だけの生徒を**下回って**いました。この結果が出たことで、チームにこんな疑問が生まれました。陸軍は、学費がタダだとか幹部候補になれるといったことではなく、兵士を率いることができる、国に奉仕できるといったことをもっと強調すべきではないのか？　チームは、ほかの職業についても、生徒のテストの点数が高かった教師にボーナスを与えるといった動機づけの手法がまかり通っていることに疑問を呈しています。

エイミー・レズネスキーとバリー・シュワルツは、この調査についての新聞記事にこう記しています。「一見、矛盾しているようですが、従業員が、仕事の金銭的な見返りではなく、仕事の意義や影響に目を向けるよう手助けすることが、彼らの仕事の質を改善し、彼らを金銭的な成功に導く最善の方法といえるでしょう」。この話は、インセンティブを用意する側も受ける側もよく覚えておく必要があるでしょう。報奨金などの外発的なインセンティブに強く動機づけされた従業員は、仕事仲間の役に立とうと意欲を失うことが多いからです。

内発的動機づけが難しいのは、意識的な努力を必要とするからです。こんな実験が行われました。研究者たちは、実験に参加した作家たちを2つのグループに分け、一方のグループには、内発的な動機を思い出してから作品を書いてもらい、もう一方のグループには外発的な動機を思い出してから作品を書いてもらいました。あらかじめ内発的な動機を意識した作家たちの作品は、きわめて創造性が高いと評価されました。一方、外発的な動機についてわずか5分間考えた作家たちの場合は、作品の創造性が低かったそうです。

あなたの仕事への「動機づけ」はどうなっているでしょうか？　あなたが昔ながらの「アメとムチ（賞と罰）」で外発的に動機づけられていたとしても、アメとムチの効き目があるのは最初だけで、長続きはしません。それより、あなたの最高の内発的動機をいつでも意識できる簡単な方法を見つけましょう。

私は、デスクとスマートフォンのロック画面に子どもたちの写真があるだけで、内発的な動機を思い出してやる気が出ます。出版の仕事をしている友人は、会社の週報がやる気のもとになっています。それを読むと、彼がかかわった本の読者が大勢いることがわかるからだそうです。ロンドン在住の駅員ジェームズ・アレンは、どんなにかたくなな通勤客にも笑顔になってもらおうと努めることで、自分を動機づけています。あなたにとって内面からの充電になるものは、たぶん、ほかの人と同じではないでしょう。内発的動機は万人に共通のものではなく、個人的なものだからです。

仕事以外で、あなたのモチベーションが上がる活動を見つけてみましょう。調査によれば、従業員に**仕事と関係のない**創作活動、例えば小説や詩、絵などの作品作りに取り組むことを奨励したところ、従業員の仕事の出来がよくなったそうです。従業員が仕事場に植物や芸術作品、家族の写真などを好きに飾れるようにしただけで、生産性が32％も高まったという調査結果もあります。グーグルをはじめいくつかの企業が、社員に仕事場を我が家のように感じるスペースにすることを奨励し、傍目には散らかった会社に見えても意に介さないのは、そうした生産面での効果があるからです。

仕事に「意義」を見いだす

「意義」は湧いて出るものではありません。あなたが自分で見いだすものです。すばらしいキャリアと人生を築くには、あなたの毎日の仕事を、広い世界での使命と結びつける必要があります。自分の仕事が世の中にどう役立っているかを理解しない限り、毎日、形だけの仕事をすることになります。

仕事の「意義」は、世界の今後を左右するような壮大なものである必要はありません。「意義」はもっとはるかに現実的なものや、あなたが一番大切にしている人たちに関係があるものでいいのです。まずは、あなたの今の仕事や役割がどうして存在するのか考えてみましょう。大抵の場合、仕事が生まれるのは、それが人の役に立ったり、なにかのプロセスを効率化したり、人々が必要としているものを作り出すからです。

あなたが食料品の棚出しをしているなら、あなたは買い物客たちの時間を節約し、彼らが家族とともに栄養のある食事を取るのをたやすくしています。顧客サービス部門や顧客電話窓口で働いているなら、顧客を安心させ、問題を解決し、顧客の1日をよりよいものにすることができます。あなたが生活のためのアプリやソフトを開発しているなら、あなたの製品が多大な利便性を提供したり、時間を節約したり、楽しませたり、人々のつながりを保ったりすることになります。こんなふうに考えてみると、ほぼすべての仕事に有意義な側面が見つかるものです。

あなたの仕事が人々の生活をよりよいものにしていることがわかったら、次は、どうしたら、そうした人々にさらに役に立てるか考えてみましょう。あなたが顧客の立場だったときのことを思い出したら、わかりやすいと思います。顧客サービス係があなたやあなたの要望を粗末に扱ったら、その人とのやりとりが、あなたの1日を台無しにしかねません。反対に、顧客サービス係があなたに理解を示し、あなたの問題を友好的に解決したら、その人とのやりとりが、あなたをポジティブな気分にし、いやな出来事をいい体験に変えることができます。

こうしたタイプの影響力を、あなたは友人や家族、仕事仲間や顧客とのやりとりのなかで発揮することができます。とはいえ、どうすれば周囲の人たちに毎日充電できるかを知るには、努力が必要です。まずは、小さなやりとりを有意義なものにすることから始めましょう。そのうち、あなたの仕事ともっと大きな目的との間の点が、線でつながることになります。

私が話を聞いた人たちは、ほとんどが、仕事以外の有意義な活動に従事していました。ところが、彼らの日々の仕事の「意義」について質問すると、答えに窮するのです。ほとんどの人が起きている時間の大半をフルタイムの労働者、あるいは学生、親、ボランティアであることに専念していることを考えると、こうした現状は、憂慮すべきことのように思います。

（※1） 英書のタイトルは『Man's Search for Meaning』。邦訳はみすず書房から、『夜と霧』、霜山徳爾訳（1985年）と、『夜と霧 新版』、池田香代子訳（2002年）が出版されている。

第3章

仕事を「居場所」ではなく「目的」にする

エイミー・レズネスキーのチームが、ある病院の清掃スタッフたちを調査したところ、同じ仕事をしているのに、人によって仕事に対する見方が驚くほど違っていたそうです。清掃スタッフのなかには、仕事を「生活の糧」、つまりお金を稼ぐ手段とみなす人もいました。その一方で、自分の仕事を「天職」とみなす人もいたのです。

チームはさらに細かく調査し、勤務シフトや担当する病棟、勤務経験の長さなどは、そうした違いに影響していないことがわかりました。違っていたのは、決められた職務以外のことを行っているか、患者や見舞客と有意義なやりとりやつき合いをしているかといったことでした。そういうことをしている清掃スタッフは、自分の仕事に大きな意義を見いだしていました。その1人はレズネスキーにこう語っています。「患者さんたちの治療に役立つことで私にできることは、なんでもやってるの。病室をそうじしたり消毒したりして、患者さんが治るようにするっていうのもその1つだけど、それ以外にも、私にできそうなことはなんでもやって、治療の手助けをしたいの」。彼女たちが「自分も医療チームの一員」と考えたことで、ほかのスタッフとは、仕事に対する見方も、仕事の内容も全く違ったものになったのです。

あなたは毎日仕事をすることで、世の中に貢献しています。そしておそらく、あなたが生活の糧、あるいは職業、天職と思っているものに、あなたの時間の大半を費やしています。その時間を価値あるものにしましょう。あなたに合った仕事を見つけてください。そうすれば、毎日「意義」を見いだせます。

労働は、目的を達成するための手段というだけではないはずです。しかし、ある辞書は「労働」の類語として、「苦役」や「隷属状態」を挙げています。私が人々に、キャリアへの期待について質問すると、よくある答えの1つは「人は働くために生きているわけじゃない。生きるために働いている」といったものです。こうした考え方は、人は主に収入を得るために、あまり意義のない仕事をしているという前提にもとづいています。

100年前なら、「労働は金銭との引き換えにすぎない」という定義も、もっともらしく聞こえたでしょうが、今では、この定義は、従業員が期待しているものを表していません。近代経済においては、この定義は、企業が従業員に求めるものとも合っていません。企業が最もいやがるのは、タイムカードを押すために出勤する従業員や、エネルギーや労力のほんの一部しか提供せず、企業の使命に貢献しない従業員なのです。

従業員と企業との基本的な関係は、ようやく変わり始めたところです。私が若いころ、職場で観察した大人たちは、ほとんどが収入のために、懸命に働いていました。一つ上の地位にできるだけ早く昇進しようと努力する人もいれば、早く引退できるようにと、疲れ果てるまで働く人もいました。そうした努力の大部分は善意や強い労働意欲にもとづくものでした。しかし、そんな働き方は長続きしませんし、生産性の面にも悪影響を及ぼします。

仕事は「生活の糧」以上のもの

人々を集団や種族、組織としてまとめるという考え方は、ひとりひとりで行うよりも、集団で行った方が多くを成し遂げられるという前提にもとづいています。人間は、何千年も前に、食料や住みかを共有し、家族の安全を維持するために、集団を作りました。集団に加わることで得られるつながりが、個人やその家族の利益になるという基本前提があったからです。人間は1つの種として、バラバラでいるよりも集まったほうが、暮らし向きがよくなるのです。ごく単純な話です。

ですから、ギャラップ社の世論調査の結果に、私は驚きました。アメリカ各地の労働者に、勤め先の組織のおかげで暮らし向きがよくなったかと質問したら、「よくなった」と回答したのは、わずか**12%**だったのです。労働者の大半が、自分の会社は**ダメージをもたらす**と感じていました。

どうして個人と組織との関係がこれほど悪くなったのでしょう？　きっかけの1つは産業革命です。そのころから、労働者は実質的に大きな機械や組み立てラインの「歯車」になりました。労働者は、決められた時給と引き換えに、決められた時間、決まった作業を行うものと考えられていたからです。産業革命は、大幅な自動化やイノベーション、生産性の向上をもたらしましたが、予期せぬ副作用を引き起こすことにもなりました。その副作用がいまだに消えていないのです。

「労働は金銭との引き換えにすぎない」と考えられていたので、会社が従業員を、燃え尽きるまで働かせるのは簡単でした。順番待ちの列に並んでいる次の人を雇えばよかったからです。会社の階級制度や報酬システムは、「あなたは替えがきく」という単純なメッセージを送りました。従業員にいたるところで、昔ながらの経済学が幅をきかせました。従業員に、組織に属することで暮らし向きがよくなったかと質問する者さえいなかったのです。

私が就職した1990年代も、ほとんどの会社は、そのころと大して変わっていませんでした。会社は従業員に、何らかのタスクを実行する勤め口を提供します。従業員は、タスクを終わらせたら、賃金を得ます。なかには、健康保険や退職基金といった従業員をつなぎ留めるための特典を提供する会社もありました。ごく少しではありますが、自分の仕事に満足しているかと従業員にたずねる会社もありました。ところが、そうした満足度は過去25年にわたって、徐々に悪化しています。

エンゲージメントから、さらに進んだ段階へ

21世紀が始まったころ、いくつかの会社が従業員に「自分の仕事に感情的にエンゲージしているか」とたずね始めました（「感情的にエンゲージしている」というのは、仕事に「満足している」だけではなく、情熱、愛着を抱いている状態のことです）。こうたずねたことで、大きな変化が生まれました。管理職やチームリーダーが、部下が出勤しているかどうかだけでなく、部下が「自分の意志による努力」をしているかどうかに、ようやく注意を払うようになったのです。

今では、雇い主たちは、従業員が仕事中にエンゲージしているのか、それとも上の空なのか、非常によくわかっています。彼らは、組織が従業員からなにを**得ている**かを知っているのです。

ところが従業員のほうは、ほとんどの場合、組織の一員であることで、どれだけ**自分の生活がよくなっている**のか、あるいはよくなっているのかどうかさえ、わかっていません。

個人と組織とのこうした状況を改善して、両者の間に根本的な同意を成立させる必要があります。実際のところ、**従業員の利益になることは、組織にとっても一番の利益になるのです。**コンサルティング会社のタワーズワトソンがグローバル企業50社を分析したところ、従業員エンゲージメントのスコアが低い企業群では、営業利益率が平均10％でした。従業員エンゲージメントのスコアが高い企業群では、少し上回って14％。そして「持続可能な従業員エンゲージメント」を実現している企業群、つまり従業員の個人的な幸福度も改善している企業では、営業利益率が大幅に上回り、平均27％にのぼりました。

この分析結果は、従業員の立場からも、個人的な幸福度はエンゲージメントレベルと同じくらい大事なことを示しています。あなたが十分に充電して出勤したならエンゲージメントレベルが上がり、仕事仲間や顧客ともいいやりとりができます。それが、仕事仲間や上司への貢献となり、組織の長期的な利益になるのです。

従業員と組織との健全な関係は、使命や意義、目的を共有することから始まります。２０１３年に、世界各地の１万２０００人を超える労働者を調査したところ、「自分の仕事の重要性を理解し、仕事に意義を見いだしている従業員たち」が組織に留まる確率は、他の従業員の**3倍**以上にのぼることがわかりました。調査を行ったトニー・シュワルツは、すばらしい職場を築く要因を分析し、そうした従業員たちが「すべての要因の中で、断トツで大きな影響力」を持つと記していています。また、そうした従業員たちの仕事の満足度は、他の従業員の1・7倍にのぼることもわかりました。

「労働」の未来は、その定義を「毎日、人の役に立つ仕事を行うこと」に変えられるかどうかにかかっています。**労働は「目的」であって「居場所」ではありません。**労働は、あなたの才能を有効に生かすためのものです。労働は、あなたの力で、あなたの生活や人々の生活を改善するためのものなのです。ただし、この目的を果たすには、まずは「お金」の影響力を乗り越えなければなりません。

第4章 「お金」以外のモチベーションを見つける

お金のためだけに働くのは、理想的とは言えません。ほかの仕事をしたほうがいいと思いながらも、与えられた仕事をして、お金を手に入れているとしたら、ちょっとインチキをしていることになりませんか。個人と組織が、お金だけでつながっているとしたら、個人にとっても組織にとっても不幸なことです。

金銭的なインセンティブよりも、金銭以外のインセンティブ、例えば、表彰する、注意を払う、敬意を払う、責任を持たせる、といったことのほうが効果的なことを、数えきれないほどの調査が示しています。自分の年収の額で自分の価値を判断したら、仕事に満足感を得ることはないでしょう。どれだけ収入が増えても、常にほかのだれかのほうが大きな家に住み、いい車を持っていることになります。いつまでたっても、満足できません。お金や権力がすばらしい目的のために使われることもありますが、落とし穴になることもあるのです。

私にとっては、金銭的インセンティブのバランスを図るのは、現在進行中の課題となっています。今の私は、毎月、いろいろなグループ、いろいろなプロジェクトの仕事をするチャンスのなかから、自分の仕事を選んでいます。金銭的な利益だけで判断するなら、選ぶのは簡単です。ですが、それもある程度は大事だと思いながらも、時間と労力を割り振るときの一番の決定要因にはなりません。今では、自分の時間の優先順位を決めるときには、「**私の時間が、人々にどのくらい役立つことになるか**」と考えることにしています。

最初にこうした根本的な問いに答えを出してから、金銭的な側面について調べたほうが、大抵はいい選択につながります。私のこれまでのキャリアのなかで誇りに思える仕事を考えてみると、2001年に取り組んだ「ストレングスクエスト」というプロジェクトがまっ先に思い浮かびます。このプロジェクトでの私の仕事は、ギャラップ社で小さなチームを組んで、大学1年生が自分の才能に合った大学生活を送れるようにするためのオンラインプログラムと書籍を制作することでした。

それから十数年が経過し、200万人の学生がこのプログラムを修了して、強みを生かせるキャリアを見つける力をつけました。私の「役立ち度」計算では、こうした取り組みが高得点を獲得しています。このプロジェクトを通じて、人生の大事な時期にある学生たちに手を差し伸べることができたからです。実際には、私はITプロジェクトのマネージャーとして裏方を務めていたので、学生への直接的な影響を知る機会はほとんどありませんでしたが、プロジェクトに参加したことで見いだした「意義」が、今も、私の選択に影響を与え続けています。

「上」と比較するのをやめる

単純に考えたら、収入が2倍になれば、幸福度も相応に高まりそうに思えます。全国的なサンプリング調査で、アメリカ人は、2万5000ドル（約300万円）の年収が5万5000ドル（約660万円）になったら、生活満足度が2倍になると考えていることがわかりました。研究者チームが、実際に収入が突然2倍になったときに、生活満足度がどのくらい変わるか調べたところ、9%アップしたそうです。9%なら0%よりはましですが、研究者の1人も述べているように、「それでも、100%の見返りを期待していたのなら、ちょっと期待外れの結果です」

あなたの幸福に、金銭的な安定が欠かせないのは確かです。生活必需品が買えるだろうか、借金を返せるだろうかなどといつも心配していたら、ストレスや不安がたまってしまいます。ですが、金銭的に安定したレベルに達したら、収入が増えても「1日の幸福」にはあまり影響しません。そのレベルを大きく上回る年収に達したら、幸福度への影響はほとんどなくなります。

収入レベルの最も高い層にも、仲間たちと比べて、「まだ足りない」と思っている大金持ちがたくさんいるようです。イギリスの研究者チームの調査で、収入と満足度の関係は、その人の比較対象グループとの比較でほとんど決まることがわかりました。研究者の1人はこう記しています。「年に100万ポンド（約1億9400万円）稼いでも、友人がみんな年に200万ポンド稼いでいると知っていたら、まだ満足するには足りないようです」

キャリアが成功しているかどうかを収入の額で判断すると、方向を見失うことになります。あなたの周囲にも、楽しめない仕事を何十年も続けた人がいませんか。そういう人たちは一見「成功した」ように見えます。でも実際には、多くが不幸な人生を送っています。自分の気持ちをきちんと整理せず、「意義」ではなく、「お金」のために働いたからです。ノーベル賞を受賞した心理学者ダニエル・カーネマンによれば、裕福になるほど、楽しい活動に費やす時間が少なくなり、ストレスを生む活動に費やす時間が多くなる傾向があるそうです。

だれよりもお金持ちになりたいわけではないのなら、あなたのキャリアが健全かどうかを、お金以外の基準で判断しましょう。いくつか基本的なことを自分に問いかけてみてください。「今の仕事のおかげで、人間関係が強化されたか？」「組織の一員であるおかげで、健康状態がよくなっているか？」「今の仕事のおかげで、社会への貢献度が高くなったか？」

集団の利益を目指す

人は、お金を手に入れようと**考えた**だけで、集団の利益よりも自分の利益を優先させることがあります。あなたがよかれと思ってやったことでも、同僚たちよりいい仕事をしたことで報奨金をもらったら、個人へのインセンティブがあなたと（おそらくあなたと同じように動機づけられていた）同僚たちの間に、溝を作ることになります。そのままにしておくと、あなたの幸福と人間関係を損ない、ひいてはあなたの社会への貢献度が低下することになりかねません。

ミネソタ大学の実験では、参加者たちに金銭的報酬を思い出させた場合は、人と一緒に働くより、1人で働くほうを好む確率が**3倍**も高かったそうです。同じ実験で、集団でいるときに、参加者たちがお金のことを考えていた場合は、彼らの椅子を並べる間隔が約12インチ（約30㎝）増えたこともわかりました。参加者たちは、お金のことが頭にあるときには、実際にほかの人たちから遠ざかり、自分を孤立させたのです。こうしたことが、グループへのインセンティブのほうが効果的な理由の1つでしょう。個人的なインセンティブよりも、まとまりが生まれやすく、溝が生まれにくいのです。

あなたの労力を人に注いだら、お金や権力、名声といった外部からの報酬に左右されずに、いい仕事ができるようになります。どれだけお金があっても、さらに多くを持つ人と常に比較することになりますし、名声はいつしか消え去ります。あなたが多額の報奨金や大きな賞を手に入れる日があったとしても、ほとんどの日は、外発的なインセンティブなしで、仕事を進める必要があります。ですから、1日の仕事のプロセスの中に意義や目的を見いだしたほうがいいのです。

可能な限り、集団の利益を目指すことであなたのモチベーションを高めましょう。グループでの仕事の成果にもとづくインセンティブは、個人へのインセンティブよりも、イノベーションを促進することがわかっています。自分の成果だけに目を向けずに、チームの成果を判断し、チームの成功に貢献することにエネルギーを注ぎましょう。共通の使命に向かって仲間と働くことが、いい充電につながるのです。

第5章 人々のニーズを考える

2008年の世界同時不況のころ、ロン・フィンレイのファッション関係の会社が倒産しました。でもフィンレイは、クリエイティブな才能を生かす別の道を見つけました。彼は、ロサンゼルス市コンプトンの自宅近くを車で走りながら、近所の人々があまりにも不健康だと感じていました。コンプトンからサウスセントラル地区にかけての一帯には、ファストフード店と透析センターが数えきれないほどたくさんあります。でも菜園はないですし、新鮮な果物や野菜を入手する手段も限られていました(※1)。

フィンレイはそうしたニーズ(欠乏感)に対処することに、クリエイティブなエネルギーを注ぐことにしたのです。彼は果物や野菜を、放置された空き地や自宅の周囲、道路の中央分離帯に植え始めました。今では、彼の自宅近くの歩道や通りに、ところどころにカラフルな色を混じえた、すばらしい緑地帯が広がっています。ヒマワリもあればバナナの木もあります。それからブラックベリー、ラズベリー、ザクロの木、リンゴの木、プラムの木、イチジクの木、アーモンドの木、カボチャ、レモングラス、ローズマリー……。
「これ全体がアートなんです」。彼はこう語っています。「このアートがあれば、コミュニティーを作れます。健康な体も作れますし、長続きする関係も作れます。だって、食べ物を取り引きできるんですから」。彼は、だれでも自分の食べ物を育てることができるし、美しいもののなかに身を置くこともできると、コミュニティーに伝えたかったのです。

あなたが「意義」を見いだすのは、あなたの「強み」や「興味」が世の中のニーズに合ったときなのです。自分の「強み」や「興味」に気づくのは大事ですが、気づいただけでは、「需要と供給」問題の半分しか解決したことになりません。もっと大事なのは、世の中が必要としているものに、自分の「強み」や「興味」をどうしたら効果的に活かせるかを知ることです。

まずは、周囲の人たちのニーズに目を向けて、あなたが情熱を傾けている活動を確実に生かす道を探してみましょう。あなたの活動を通じて貢献する方法を見つけるには、企業が新製品を開発するときと同じような分析が必要になります。企業は、顧客に役立ちそうもない製品に大金をかけたくありません。それと同じで、あなたは、雇い主やコミュニティーから求められていない「強み」や「興味」に、多くの時間をかけたいとは思わないはずです。

「あなたの情熱に従おう」というアドバイスをよく耳にしますが、これには批判の声があがっています。その1つは、このアドバイスは、あなたが世の中の中心であると想定し、あなた自身の

満足感の追求を人生の目的としている、というものです。大きな貢献をした人たちは、「**自分はなにを提供できるか**」と考えることからスタートしています。そこからスタートすることで、あなたの「強み」を人に役立てることができるのです。

ちょっと時間を取って、あなたの友人グループ、あるいは組織、コミュニティーを一歩離れて眺め、そうした集団の急ぎのニーズを考えてみましょう。時間と注目を必要としている問題や、困った状況を探してみましょう。そうしたニーズのなかから、あなたの「強み」や「興味」と重なるものを見極めてください。

もしかすると、どこかの会社が才能あるグラフィックデザイナーを必要としているかもしれません。どこかの子どもがメンターを必要としているかもしれません。コミュニティー内の団体が、資金集めの専門知識がある人を必要としているかもしれません。あなた独自の「才能」や「経験」「専門知識」「夢」「願望」を、そうした地元や世の中のニーズに役立てる方法を探してみましょう。あなたの仲間たちにはない、あなた独自の「志」はありますか？　実現するためなら、自分の幸福をしばらく犠牲にしてもいいと思えるような「目標」はなんでしょうか？

「才能」を伸ばすことに時間を使う

あなたが他のだれよりもうまくできることが何かしらあります。あなたが独自のＤＮＡを持って生まれたのと同じように、あなたは独自の才能を持って生まれています。たぶんあなたも気づいているでしょうが、私たちの中には、小さいときから困っている人を慰めるのが上手な人もいれば、小さいときから好奇心旺盛で、常に学んでいる人もいます。隣人が、セールスや説得の才能を持っていることもあります。そうした生まれながらの違いには、性別や人種、年齢、国籍といった広いカテゴリーでの違いよりも、はるかに多様性があります。そうした才能の違いが、ひとりひとりを他と異なる存在にしているのです。

ところが社会は、あなたにこう伝え続けます。「それなりの努力をすれば、なんでもあなたがなりたいものになれる」。この昔からある励まし言葉は、メリットよりもデメリットのほうが大きいのです。私たちは苦手分野を克服できますし、驚くほどの「立ち直る力」も備えています。でも伸びる可能性が最も高いのは、生まれながらに才能のある分野なのです。あなたにすでに備わっている能力を伸ばすことに時間を費やしたほうが、早く成長できます。

私はそのことを、メンターでもあった亡き祖父から学びました。祖父ドナルド・クリフトンは「強み」の研究に生涯を費やし、私が得意なことに集中できる環境を作ってくれました。なりたいものを目指す代わりに、あなたにすでに備わっている能力を磨きましょう。まずは才能のある分野からスタートし、実践を積んで腕を磨いたり、知識を増やしたりしたほうが、はるかに大きな成果につながります。

あなたが**「強み」を活かした仕事をしたら、質の高い労働時間を2倍に増やせる**可能性があります。ギャラップ社の調査では、「強み」を活かした仕事をしている人たちは、週に40時間、質の高い時間を過ごしていました、「強み」を活かせない仕事をしている人が元気に働けるのは、週に20時間まででした。また、「強み」を活かした仕事をしている人たちは、強みを活かしていない人たちに比べて、仕事にエンゲージしている確率は6倍、人生満足度が高い確率は3倍以上にのぼりました。

もしあなたが、なんでも上手になることに人生の大半を費やしているなら、1つのことを**とても上手**になるチャンスをつぶしています。それでは、二流止まりの分野が増えるだけです。「強み」を活かせるかどうかは、時間の割り振り方で決まります。1時間を使うなら、才能のある分野に使ったほうが、弱点を直すことに使うより、はるかに大きな成果を得られます。弱点を直すことに時間を使うのは、重力に逆らうようなものなのです。ところがたくさんの人が、弱点を直せば多才な人間になれると期待して、それに何年、何十年も費やしています。

あなたには、そうした落とし穴に陥ってほしくありません。弱点を直すのは、読み書きや計算といった、どの職業にも役立つ基本技能を獲得するには役立つかもしれませんが、就職する年齢に近づくにつれて、なんでもできることは、長所とは言えなくなります。その時期になったら、人との違いを出せる分野が大きな意味を持つのです。一生の間に、なにかをとても得意になりたかったら、あなたの才能を伸ばすことに時間を使いましょう。

今日が終わる前に行動を起こす

私はキャリアを通じて、仕事に興味があることの重要性を過小評価していました。就職志願者の採用についての文献はたくさん読んできましたが、数年前までは、就職志願者の個人的な興味とその後の職場での仕事ぶりとの関連性を示したものはありませんでした。でも最近の研究論文を読んで、考え方が変わりました。

２０１２年の調査で、従業員を本人の興味に合った職務につかせることで、従業員の仕事の出来、職場での人間関係、組織に留まる確率が改善することがわかりました。２０１４年に発表されたデューク大学チームの研究論文が、「興味」が成功に欠かせない理由のヒントを示しています。チームが学生を対象にして実験をしたところ、与えられたタスクへの興味レベルが高い学生のほうが、成功率が高かったそうです。チームの１人はその理由として、個人的に興味のある活動は、「興味のない人がやり続けたら疲れ果ててしまうときでもやり続けることができる、エネルギッシュな経験を生み出す」からだと記しています。

あなたは1日にどのくらいの時間を、**「自分へのいい充電になる活動」**や、**「社会貢献につながる活動」**に当てているでしょうか？　研究者チームが実験の一環として、参加者たちに1日をどう過ごしたかを日記に記録してもらったところ、そうした、継続的な幸福をもたらす有意義な活動のどちらにも、ほとんど時間を費やしていないことがわかりました。

そうした一番大事な活動に取り組める明日が、いつもあなたにあるとは限りません。私は2年ほど前に、自分の健康問題と、幸福をもたらす活動というテーマへの興味を抱え、明日があるとは限らない状況にどう対処したらいいか、かなり悩みました。その結果、コンサルティングの現場から退き、健康法についての研究と本の執筆にすべての時間を注ぐことにしました。心臓病やガン、糖尿病や肥満と闘っている大勢の友人たちに役立つ仕事を**すべきだ**と感じてもいました。「どうしたら私の強みと興味を活かして、大切な人々にもっと役に立てるか」という問いかけが、私を新しい方向に向かわせたのです。

あなたが今日、有意義な活動に取り組まなかったら、今日のチャンスを永久に失います。今日という日は二度とやって来ません。明日埋め合わせをすればいいと思うかもしれませんが、先延ばしにしていると、いつまでたってもできません。どんな活動が有意義なのか気づく前に、数日が過ぎ、数年が過ぎるかもしれません。10年後に振り返って、人の成長に貢献したり、新しい興味の対象を求めたり、新製品を世に出したりするチャンスを逃したと後悔するかもしれません。

ですから、**今日**から始めましょう。そしてあなたが好きなことを見つけてください。

（※1）ロサンゼルスの「コンプトン」や「サウスセントラル地区（現名称はサウス・ロサンゼルス）」は犯罪が多発している危険地域として知られている。

第6章 自分でキャリアを築く

「自分が志した道を歩んでいる」と思っている人も、大抵は、尊敬するだれかが志したのと同じ道を歩んでいるのではないでしょうか。あなたの知り合いのなかにも、親や兄姉、メンターと同じ道を、キャリアのどこかで経験している人がけっこういませんか。小さいころから、人生のいいお手本になる人たちに囲まれて育ったら、一つ上の世代の志を受け継ぐのも無理はありません。

私の大学の友人のなかには、家族や育った環境の影響で、ロースクール（法科大学院）に進学した人がたくさんいました。卒業後の高賃金や生活の安定が目的で、法律の学位取得を目指した友人もいました。法律関係が大好きで、才能にも恵まれているという理由でロースクールに進んだのは、私の親友だけでした。それから二十数年が経ちましたが、私の知る限りでは、今も弁護士を続けているのはその親友だけです。

カナダの研究者チームが7万1000組を超える父親と息子を調査し、若者たちが親の職業に強く影響されている実態を明らかにしました。若者の職業選択について調査を開始したのは19

63年のこと。それから数十年に及ぶ長期的な調査の結果、対象とした若者の40％もが、キャリアのどこかで父親と**同じ雇い主**のところに就職していました。父親が収入区分のトップクラスに入っている場合は、70％近くが父親と同じ会社に入っています。この調査は対象が男性のみで、1960年代の労働人口構成を前提としていることに留意する必要はあるでしょう。とはいえ、もっと小規模ではありますが、いくつかの調査で、母親の職業が娘の職業選択に大きな影響を与えていることもわかっています。

誇りを持った親たちが、自分が学んだことを息子や娘に伝えたいと思うのは無理もありません。親の足跡をたどるのも、もちろん悪いことではありません。私たちは成長期をともに過ごした人たちから多くを学びますから、そういう人たちと同じものに興味を持ち、同じことを大好きになるのはよくあることです。ですがその場合は、私たちの「責任」が1つ増えることになります。それは、**私たち自身の**夢を追うことです。

人の「影」に入るのではなく、自分の「影」を作る

私が5歳の娘と3歳の息子を連れて、夕方の散歩をしているときは、よくみんなで、夕日を背にしたときに道にできる影で遊びます。子どものどちらかが私の前を歩くと、子どもの影は私の長い影の中にすっぽり入ります。息子が姉の影に入ったときは、もう少し速く動かないとすっぽり隠れません。子どもたちが一番好きなのは、道に投影された自分の姿が、日が沈むにつれて長くなるのを見ることです。

それをみんなで面白がっているのですが、私はその光景が物語っていることについて考えずにはいられません。人間には自分独自の姿を作り上げたいという基本的な欲求があることを思い出すのです。私は親として、2人の子どもを同じように扱って楽をしようという衝動を抑える必要があります。周囲の大人たちや私自身の期待が作り出す「枠」に押し込むのも、避けねばなりません。子どもたちがすでに備えている能力を伸ばせるよう手助けするのが私の役割です。

子どもたちはまだ小さいですが、すでに独自の能力のきざしを見せています。3歳の息子は驚

くほど観察が鋭く、知りたがり屋です。なにかをやらせるときに、単に「そうするのが決まりだから」と言っただけでは、おおかた「いやだ」と反抗されます。息子は観察することで、「それはなぜか」を学ぶタイプです。一方5歳の姉は、計画を立てたり、自分が学んだことを人に教えたりするのが好きです。かなりの記憶力の持ち主でもあり、人に共感したり、人とかかわったりする能力も持ち合わせています。

彼らが大きくなったら、間違いなくいろいろな圧力を受けて、それぞれが別の道に進むでしょう。私は今から、娘は母親のようなすばらしい教師、あるいは気づかいのある、気のきいた医師になるだろうなどと、つい想像したくなります。今の学校は、科学、テクノロジー、教育学、数学に特に力を入れてますから、2人とも、そうした科目が得意になれという圧力を感じるでしょう。でも仕事の世界に入ったら、いい充電になる仕事や、人の役に立つ仕事をすることが、彼らにとって最も価値ある目標になるはずです。

人はみんな、さまざまな期待を受けて大きくなるものです。あなた自身が興味のある分野を探すには、新しい分野を開拓するのも1つの手です。親ごさんや友人、メンターが、あなたが楽しめて、才能も活かせる仕事に誘ってくれたら、その話は参考にはなるでしょう。大好きな人と一緒に好きな仕事ができたら、最高ですから。でもその場合は、あなたの「責任」を果たさない、つまり、あなたの内発的な動機よりも人の期待にもとづいてキャリアを選ぶ、という落とし穴に陥りやすくなります。

あなたは他人の「影」に入る必要はありません。あなたは独自の能力を持って生まれてきたのです。あなたを育ててきた人たちに応えることだけを考えていると、あなたが望むような人生を歩むのが難しくなります。

今の仕事を理想に近づける

あなたは毎日のように、夢を追い続けるのを妨げられ、「意義」を見いだすチャンスを逃しているかもしれません。でも、理想の仕事が一発で見つかる人はほとんどいません。理想に少しずつ近づくことを考えましょう。近づくだけでも、大きなモチベーションになるものです。

あなたは、自分にエネルギーを再充電し、元気を取り戻せる活動に、毎日**多少の**時間は費やせるはずです。そうすることで、わずかな時間で1日をもっと生産的で充実したものに変えられます。あなたが成長する機会は、最悪の状況に陥っているときでも見つかるものです。大事なのは、あなたを妨げている他人の行動や、あなたにはどうすることもできない仕事環境は気にかけないことです。その代わり、日々の前進につながるような小さな行動を探しましょう。あなたのちょっとした言動で、仕事仲間や顧客の気分を高めることなら、あなたの仕事がどうなっていようが、いつだってできるはずです。

あなたが理想にはほど遠い仕事から抜け出せずにいるとしても、別の場所で小さな「意義」を見いだすことができます。地域社会でボランティア活動をしたら、毎月のように有意義な時間を過ごせます。私の友人の何人かは、2～3時間のボランティア活動で、ほかのどんな活動よりも大きな満足感を得られると言っています。ボランティア活動を通じて、新たな分野について詳しくなったり、興味を持ったりすることもありますし、それが将来の転機につながるかもしれません。

ミシガン大学の研究者チームの調査で、私たちは理想の仕事を、求人欄で見つけなくても、自分の力で作り出せることがわかっています。あなたは今の仕事を、はるかに有意義な仕事に作り変えることもできるのです。研究者たちはそうした作り変えを「ジョブ・クラフティング」と呼んでいます。そのためには、まず、あなたにエネルギーをもたらす仕事に毎日どのくらいの時間をかけているか調べます。それから、職場での人間関係がどうなっているか振り返ってみます。さらに、あなたの仕事がどのくらい人の役に立っているかを考えてみます。そうした**「仕事内容」「人間関係」「仕事に対する認識」**の3つの側面を、あなたの理想のものに組み立て直すことで、あなたの仕事を作り変えることができます。

あなたの学校生活やこれまでの仕事生活を振り返ってみてください。時間がたつのを忘れてしまうほどいい充電になったと思えたのは、どんなときでしたか？　そのときに「なにをしていたか」「だれと一緒だったか」メモしましょう。それを見て、あなたの今の仕事に持ち込めるものはないか、考えてみてください。どれか1つを選んで、さっそく明日の仕事のスケジュールに組み込んでみましょう。

また職場では、あなたにエネルギーをもたらす人たちの近くにいる時間を増やし、そうじゃない人たちの近くにいる時間を減らすことも考えましょう。あなたをストレスでまいらせる人や堕落させる人に近づかなければ、もっと周囲の人たちの役に立てることになります。職場もほかの社会的ネットワークと同じで、ネガティブな感情もポジティブな感情もあっという間に広がるのです。

第7章 将来のために行動を起こす

今では、私たちの気を散らす機器が次々に登場し、情報が流れ続けています。ですから私たちが、一日中、対応や返信といった受け身の活動をして過ごすこともめずらしくありません。あなたも1日の何割かは、人から持ち込まれた用件に費やされているのではないでしょうか。ですが、今から10年後にあなたが最も誇りに思える仕事は、今、受け身の対応をしているだけでは生まれません。

あなたのほうから起こした行動が、のちの大事なものにつながります。あなたから話しかけたことで、新たな友情が生まれることもあるでしょうし、職場のだれかにアイデアを伝えたことで、新しい製品やサービスが生まれるかもしれません。若手の成長に時間と労力を投資して、その後何年にもわたって、その若手が成功するのを期待して待つこともあるでしょう。あなたが人にいい充電をしたいなら、受け身の対応ではなく、「行動を起こすこと」に時間を使う必要があり、その時間が多いほど、たくさん充電できることになります。

とはいえ、人の用件に対応する方がはるかに簡単ではあります。あなたは1日の活動時間の何%を対応（メールの返信や電話の応対など）に費やしていますか？　ざっと計算してみてください。では、行動を起こすことに費やしているのは何%でしょう？　大部分の人は、対応に回る時間のほうが、自分のほうから働きかけている時間よりも長いです。あなたが行き詰まりを感じていたり、職場でうまくいかないことがあるなら、今が、パーセンテージを変える絶好の機会です。

なかには、対応するのが自分の仕事だと思っている方もいるかもしれません。でもほとんどの場合、そうではありません。もしあなたが顧客窓口の仕事をしていて、顧客たちの質問に必要最低限の情報量で答えているのなら、あなたは対応ばかりの1日を過ごしているかもしれません。そうした答え方は、あなたのためになりませんし、あなたの組織や顧客のためにもなりません。一方、もしあなたが顧客ひとりひとりに合わせたやりとりをしたり、将来のニーズを予測したり、顧客が期待した以上の手助けをしたりしているなら、行動を起こしていることになります。

あなたのオンラインとオフラインの通信手段を管理して、通信手段に振り回されないようにしましょう。そうしないと、今後につながるものを築くどころか、いつの間にか時間の大半を対応に費やすことになります。将来の予測はできませんが、日々、新たな行動を起こすことで、あなたは将来の創造に参加することになるのです。

∷「忙しさ」よりも「目的」を優先する

「忙しい」という言葉は、大事なことに取りかかっていないことの弁解によく使われます。でも、私が友人や同僚たちに「どうしてる?」と聞くと、大体は、「忙しい」の何らかのバージョンが返ってきます。さらに悪いことに、10年以上もの間、「忙しいよ」は、「どうしてる?」と聞かれたときの、私のお決まりの答えでした。

多くの人と同じで、私も精力的に動けば前進できると勘違いしていたのです。ネズミが紡ぎ車の上を12時間連続で走ったら、一日中「とても忙しい」ことになります。でも全く前進していませんし、なにも成し遂げていません。

同じように、「忙しさ」と「有意義な進展」を混同していたのです。以前の私は「1日に200件以上のメールを処理したんだ」とか、「大事な会議に8時間ぶっ通しで参加したよ」などと、よく自慢したものです。そういう仕事は、大抵はほかの仕事との同時進行で、メールと会議も同時にこなしていました。ヘッドセットを使って会議に参加しながら、メールに返信していたのです。

ほとんどの職場で、似たようなことが起きています。従業員たちは、自分が忙しそうに見え、忙しそうにふるまい、忙しそうにしゃべる必要があると感じています。あまりにも忙しいので、仕事を1日でも休んだら、大変なことになると思い込んでいます。従業員たちは、忙しそうにすることで、自分ががんばっていることや、組織に欠かせないことを周囲の人たちに示しているのです。

忙しく働くことを求められている現状を考えれば、「忙しさ」を大事なことと考えている人々を責めることはできません。ですが、忙しくしようと努めていたら、生活の管理がおろそかになります。あなたが仕事から仕事へと飛び回り、一日中忙しくしているなら、建設的な活動には目が向いていないのではないでしょうか。あなたの一番大事な活動に――それが仕事をすることであれ、家族と過ごすことであれ――集中して取り組んでいないのではないでしょうか。

もしそうなら、なにか好きなことをやるとか、人の役に立てるプロジェクトに取り組む、大切な人と過ごすといったことを日課にしませんか。私は「忙しい」と思う代わりに「自分の時間をもっとうまく管理する必要がある」と自分に言い聞かせることにしました。このささやかな作戦が、優先順位を決めるのに役立っています。この作戦を試すなり、ほかの手を使うなりして、いつもの「忙しいよ」よりもましな答えを見つけてください。もっとがんばって働くのではなく、もっと賢く働きましょう。

「気を散らす回数」を減らす

今では、「つながり」を保つのが驚くほど簡単です。その結果、実質的に仕事にならない事態に陥っています。例えば、平均的なアメリカ人は、何らかの画面に1日に8・5時間向かい、実に6万3000語もの新情報を受け取っています。社員がパソコン画面に向かっているときには、中断しないで仕事を続ける時間は、わずか3分だそうです。

スマートフォンのユーザー15万人を対象とした調査によれば、スマートフォンのロック解除回数は**1日平均110回**にのぼり、ピークとなる夕方の時間帯には、1時間に9回もスマートフォンをチェックするそうです。パソコンのメールやら、携帯メール、最新ニュースのアラート、かかってくる電話、ソーシャルネットワーキングサービス（SNS）の更新情報やらの「気を散らすもの」が新しいデフォルトになっています。試算によると、そうした気を散らすものに、平均的な社員は1日の28％を費やしているそうです。仕事中に、一度に1つのことに集中できると答えた社員はわずか5人に1人という調査結果もあります。

人はなにをしている間も、その時間の半分近くは別のことを考えているようです。ハーバード大学のマット・キリングスワースとダン・ギルバートが詳細な調査を行い、参加者たちが、活動時間の平均47%は、なにをしていても別のことを考えていることがわかりました。もっと悪いこともわかっています。別のことを考えているのは**楽しい**時間ではありませんでした。それどころか、別のことを考えているときには、今やっていることに集中しているときよりも、幸福度が下がることが多かったのです。(※1)

キリングスワースとギルバートはこう記しています。「人間はなにかをしながら別のことを考えることができるが、別のことを考えることで不幸せになる」。参加者たちは、彼らが調査した活動——歩く、食事をする、仕事仲間と話す、買い物をする、テレビを見るなど——のほぼすべてで、活動時間の30%以上を別のことを考えることに費やしていました。あなたがこの本を読んでいる間も、別のことを考えている可能性が高いです。

いろいろな仕事を少しずつ片付けようとすると、実質的には仕事が1つも片付きません。もし、求められるままに1日に20種類の用件を処理したなら、小さな仕事への対応に終始し、大きな仕事はできないことになります。ほかのことに気を取られながら仕事をしていると、仕事の効率も出来も悪くなるという調査結果もあります。人間の脳は、ほとんどの場合、1つの役割に専念しているほうが、うまく働くのです。

気を散らすものを遮断するのは難しいことです。それでも、あなたの一番大事な活動に専念するために、なにか手を打ちましょう。私が「つながり」を完全に断って、一日中執筆に専念できる日はめったにないですが、それができる日は、これ以上ないと思えるほど、心が安らぎ、能率がよく、解放感を味わえます。そして不思議なことに、私の周囲のすべての物事がうまく回り続け、なんの支障もないのです。

あなたの時間を奪っている「気を散らすもの」をいくつか遮断できたら、「いい充電になる活動」にもっと多くの時間を割けることになります。それができたら、脳を休めることになり、脳を休めたら、創造力が高まります。まずは、あなたが今日、いい時間の使い方ではなかったと思う活動を1つ書き出しましょう。そしてあなたの行動パターンを変えて、その活動を減らすことに全力を注ぎましょう。それから、今後減らしていきたい「気が散る活動」もいくつか考えておいてください。

今度、新しい活動の話を持ち込まれたら、引き受ける前によく考えましょう。引き受けるとしたら、今取り組んでいるどの活動をあきらめるか、決めるべきです。2つの選択肢で迷ったときには、「どちらもやらない」という第3の選択肢が常にあることを思い出してください。2つとも辞退するのが最善の道となることが、よくあります。

現代の「パブロフのベル」

1800年代の終わりに、ロシアの生理学者イワン・パブロフは、犬を、ベルの音が聞こえただけで唾液を分泌し始めるよう条件づけできるかどうか観察しました。パブロフは、犬たちがベルの音を聞いたらエサを連想するよう訓練しました。そのうち、犬たちはベルの音を聞くたびに、エサを期待して、唾液を分泌するようになりました。この現象は「古典的条件づけ」として知られていますが、私たちが新しいメッセージの着信を知らせる音を聞くたびに、全く同じ現象が起きています。

メールの到着を知らせるパソコンの通知音が鳴ったり、スマートフォンが振動したり、パソコン画面にお知らせが表示されたりするたびに、私たちは、新しい情報を読めるという「報酬」を連想します。20~30年前は、メールが到着するのは1日に一度、本物のメールボックスに配達されたときだけでした。この制度は計画性をもたらしました。毎日ほぼ同じ時間に情報の束を受け取ると予測できましたし、情報をいっぺんに処理することもできました。今では、果てしない

「通知」が、パブロフのベルの電子バージョンと化しているのです。

職務内容の説明書に、メールやSNSのチェックが、日々の職務として記載されることはまずありません。ところがそうした活動に、生産的な活動よりも多くの時間を費やしてしまうことがよくあります。頭脳労働者はメールの返信やSNSのチェックに、少なくとも1日の労働時間の半分を費やしているという調査報告もあります。

その調査報告で一番気になったのは、メールに仕事を中断される頻度でした。対象となった頭脳労働者の4分の1近くが受信箱を見張りながら仕事をし、メールが届いたら、ただちに読んでいます。43%が、必要以上にメールをチェックしていると認めています。メールは時々チェックする程度で、過度のチェックをしていなかったのは、30%だけでした。つまり、頭脳労働者の3分の2以上が電子通信に振り回され、必要以上に不安になっているのです。

ブリティッシュコロンビア大学の研究者チームが2014年に行った実験で、1日のメールチェック回数を減らしたときには、ストレスが軽減することがわかりました。ところが多くの現代人が、研究者チームが「テレプレッシャー」と名づけた圧力をいつも感じています。テレプレッシャーとは「すぐに返信する必要がある」という強迫観念のことで、これを抱えると、睡眠の質が低下し、体調不良の日が増え、精神的にも肉体的にも「燃え尽き症候群」に陥る可能性があるそうです。

「気を散らすもの」のいくつかを防ぐために、仕事中に数分おきに割って入る「通知」を遮断しましょう。最近の調査によれば、仕事への集中を切らせる頻度が多い「トップ2」は、パソコンのメールと電話だそうです。そのほか、開いたアプリケーション間を行き来するトグリング、SNSフィードのチェック、インスタントメッセージ、携帯メール、ウェブ検索なども、仕事を妨げるものとして挙げられています。

私も、スマートフォンのロック画面の新着通知をチラッと見ただけで、集中を切らすことがあります。メールや通知のほとんどが、それを私がすぐに見るべきだと思っている人や組織からのもののように思えてしまうのです。そんな調子ですから、通知音をしばらくの間停止させるだけでも驚くほど効き目があります。実験によれば、メールを読むたびに、集中力を取り戻すのに67秒かかるそうです。

仕事を片付けたいときに、いろいろな通知機能をオフにするのは簡単です。ほぼすべてのスマートフォンにサイレントスイッチがついています。パソコン用の各種メールソフトも、設定を変更することで通知音を消せます。おそらく、通知音問題の重大さに気づいているからこそ、最新のスマートフォンには「Do Not Disturb（おやすみモード）」機能がついていて、すべての電話、メール、着信通知を（緊急時以外）シャットアウトできるようになっているのでしょう。

今日、少し時間を取って、あなたのいつもの1日を見直して、仕事が邪魔されるのを最小限に抑えましょう。新着情報やメール、SNSなどは、時間を決めてチェックしましょう。大事な仕事に集中すべきときや、話し相手に注意を払う必要があるときは、通知音やバイブレーション、あるいはインターネット自体を遮断しましょう。メールのチェックは悪いことではないですが、一日中それに追われるのは避けましょうということです。

（※1）マット・キリングスワースとダン・ギルバートは「別のことを考えること」と「幸福度」との関係を調べるために、1日に何度か自動的に電話をかけるiPhoneのアプリを開発した。その装置を使って、参加者たちに「今なにをやっているか」、「今やっていることと別のことを考えているか」「今どんな気分か」を質問し、リアルタイムで回答してもらった。「今なにをやっているか」については、食事をしている、テレビを見ているなど、22の活動から選んでもらった。「今やっていることと別のことを考えているか」については、「いいえ」「はい、楽しいこと（を考えている）」「はい、いやなこと」「はい、どちらとも言えないこと」の4つの選択肢から選んでもらった。「今どんな気分か」については、0（最悪）～100（最高）の尺度で答えてもらった。キリングスワースとギルバートは回答を分析し、数分単位の幸福度の増減を観察した。

第8章 45分集中して、15分休憩する

この本の執筆中に、ティム・ウォーカーというアメリカ人教師が書いた記事が目に留まりました。ウォーカーは2014年にフィンランドに移住し、ヘルシンキの公立小学校で5年生の担任になりました。私が彼の記事に興味を持ったのは、彼が最初のうち、小学校の時間割システムを疑問視していたからです。

フィンランドでは、生徒は45分授業を受けるたびに、15分の休み時間を与えられます。ウォーカーはこの決まりに抵抗を覚え、最初のうちは、150分続けて授業を行い、30分の休み時間を与えました。しかし最終的には、45分-15分モデルを試してみました。すると子どもたちは、それまでとは打って変わり、「ゾンビのような」状態で足を引きずって歩くことがなくなりました。15分の休み時間が終わるたびに、足取りの軽さを取り戻して、教室に入ってきます。授業への集中力も一日中保てるようになりました。ウォーカーは、フィンランドでは1960年代から取り入れられている45分-15分モデルについて研究し、15分の休み時間で子どもたちが元気と集中力

を取り戻すのは、その時間に何らかの活動をするからではなく、単に、決められた作業からの解放感が得られるからだと気づきました。

研究者たちの調査でも、生徒は定期的な休み時間があったほうが授業に集中することが確認されています。研究者たちによれば、休み時間には、教師が決めた活動を生徒にさせるのではなく、自由な時間にすることが大事だということです。

私はウォーカーの記事を読んで、同じような時間の使い方が、大人にも役立つのではないかと考えました。その答えは「DeskTime」というアプリケーションソフトで見つかりそうです。「DeskTime」は、ユーザーがパソコンで使ったソフトや訪れたサイトを逐一記録し、ユーザーがそうしたソフトやサイトに費やした時間を「生産的」「非生産的」「中間」に分類します。このソフトを作った会社が、このソフトを3万6000人の従業員に導入し、生産性の上位10%に入った従業員について調査したところ、意外なことが判明しました。生産性の高い従業員に共通していたのは、効果的に「休憩」を取れることだったのです。上位10%の従業員は52分続けて仕事をしたら、17分休憩し、それから仕事に戻っていました。

調査を行ったジュリア・ギフォードは、上位10%の従業員の生産性が高いのは、彼らが「短距離走」のような時間の使い方をしているからだと述べています。「彼らは52分間、明確な目的を持って仕事することで、その52分をフルに活用しますが、その後は次の全力疾走の準備ができるまで、十分に休みます」。彼らは17分の休憩中は、メールやフェイスブックをチェックするのではなく、散歩に出たりして情報を遮断していることが多いそうです。

仕事時間と休憩時間の理想的な比率は、職業によって違うでしょうが、仕事に全力で取り組むには再充電する時間を設ける必要があるという考え方は、広く支持されています。まずは、45分集中して仕事をし、15分休憩するというのを試してみましょう。そこから時間を微調整して、一日中、元気でいられる比率を決めましょう。5分か10分、休憩時間を作るだけでも、効き目があります。ギフォードの言葉を借りれば、全力疾走への準備となる短時間の休憩は、「目的を持って働く」のに欠かせないものなのです。

「目的」を持つことで、脳の老化を防ぐ

有意義な目的に貢献していると、あなたの思考力が高まり、頭が冴えるようです。そのうえ、高齢期の知能の低下やアルツハイマー病を防げるかもしれません。少なくとも、ラッシュ大学メディカルセンターが10年にわたって調査した結果は、そうしたことが可能であることを示してい

ます。

メディカルセンターの研究チームは、人生の目的を持つことの脳への影響を調べるために、調査に参加し、その後亡くなった246人について分析しました。参加者は最長で10年間、年に1回、詳細な認識力テストや神経学的検査を受けました。さらに、人生の目的についての質問や、人生をどの程度有意義に感じているかといった質問にも回答しました。研究者チームは、参加者が亡くなってから、脳の検死解剖を行い、「脳内プラーク（たんぱく質の異常蓄積）」と「神経原線維のもつれ」の量を調べました。この2つは、記憶力や認知機能にダメージを与えるもので、アルツハイマー患者によく見られます。

研究チームのパトリシア・ボイル博士はこう語っています。「こうした調査の結果、人生の目的を持つことで、脳内のプラークやもつれが記憶力や思考能力に悪影響を及ぼすのを防げることがわかりました。これは朗報です。何しろこの結果は、有意義で目的のある活動に取り組むことが、老年期の認知面での健康に役立つことを示しているのですから」

あなたの仕事の目的を理解することも、健康と幸福に役立つようです。研究者チームが6000人以上の14年間の調査データを分析したところ、目的への意識が高い人たちは、低い人たちより、死亡リスクが15％低いことがわかりました。これは、目的を持って生きている人のほうが長生きできるということですが、それはどの年代でも同じだったそうです。つまり、あなたが20代であれ、40代、60代であれ、仕事の目的を理解することが長期的なメリットにつながるというわけです。

あなたの「使命」を常に念頭に置く

あなたが「なぜ今の仕事をしているのか」、毎日思い出してみましょう。あなたの使命をいつも念頭に置くことで、モチベーションを保てます。そればかりか、あなたの生産性もはるかに高まるようです。

ペンシルベニア大学ウォートン・ビジネススクールの教授アダム・グラントが、大学院時代に同大学のコールセンターで働く職員のモチベーションを調べたとき、なにが起きたと思います？

コールセンターの職員たちは、一日中卒業生に電話して、奨学生のための寄付を依頼しています。グラントは、この仕事（夜、卒業生に電話して、お金を要求すること）が難しく、離職率が高いことを知って、職員たちに実際に奨学金を受け取っている学生を引き合わせたら、モチベーションが上がるのではないかと考えました。そこで、グラントと仲間の研究者たちは、奨学生を職員たちに引き合わせ、5分ほど話をしてもらいました。

その1カ月後、職員たちの生産性に驚くほどの変化が見られました。1時間当たりの電話回数は2倍近くになり、職員1人当たりの獲得資金額も、週400ドルから週2000ドルに上がったのです。

グラントはこの調査以降10年以上にわたって、こうした「向社会的（人の役に立とうとする）」傾向について、いろいろな職場を調査してきました。テクノロジー企業のコールセンターもその1つで、そこの職員たちにとっては、CEOの励ましの言葉よりも、職員たちの仕事の恩恵を受けた社員たちの話のほうが有意義だったそうです。また病院では、医師や看護師向けの張り紙として、「手の衛生は**あなた**が病気に感染するのを防ぎます」という文面は、効き目がなかったのですが、文面を「手の衛生は**患者さんたち**が病気に感染するのを防ぎます」に変えたら、医師や看護師のせっけんや除菌用ジェルの使用量が1・5倍近く増えたそうです。

あなたが他人に及ぼしている直接的な効果を知る機会がほとんどないのなら、時間をとって、その機会を作ってみませんか。ゼネラル・エレクトリック社（GE）はそうした機会を作ることの価値に気づいているようです。同社で、ガンの発見や予防に役立つ大きなスキャナー（MRI装置）を組み立てている従業員に、ガンを克服した人たちを引き合わせました。こうしたイベントを収録したGE社のビデオは、製造現場の従業員が自分たちの仕事の実際の効果（や喜びの声）を知って、仕事のどれほど大きな意義と目的を理解したかを物語っています。

研究者チームが実験の一環として、放射線専門医がCTやMRIのスキャン画像をチェックするときに、画像に患者の写真を添えてみました。放射線専門医の多くはスキャン画像を見るだけで、患者を知っていたり、患者に会ったりすることはほとんどありません。ですが放射線専門医たちは、患者の写真が添えられていると患者への共感が増すと認めたそうです。患者の写真が添えられている場合は、添えられていない場合と比べて、放射線専門医たちが書くリポートの長さは3割増しになり、診断の正確度も46％高まったそうです。

自分の仕事の効果を知る機会がない従業員のために、定期的に「実地見学」を用意している会社もあります。農機具メーカーのディア・アンド・カンパニーは、トラクターを組み立てている従業員が、会社の製品を使っている農業従事者たちと過ごせる時間を用意しています。ウェルズ・ファーゴ銀行は、銀行員に、顧客たちが同行の低利の融資のおかげでどれだけ負債を抱えずに済んでいるかを語っているビデオを見せています。フェイスブック社は、ソフトの開発者たちが、同社の巨大なSNSを通じて、音信不通だった友人や家族と連絡が取れた人たちの話を聞く機会を提供しています。

あなたの使命を思い出させるものに毎日触れられる方法を見つけましょう。あなたの仕事の効果を伝えるストーリーを手元に置いておくとか、あなたが「なぜ」仕事をしているかを思い出させる画像や引用句、ミッションステートメントを用意しておくといった単純なことでいいのです。社会貢献へのモチベーションを保ちたいなら、あなたの使命をいつも頭に入れておきましょう。

Part 2

交流

interactions

調査では、

「昨日、とてもポジティブな交流ができた」

と回答した人は、全体の16％でした。

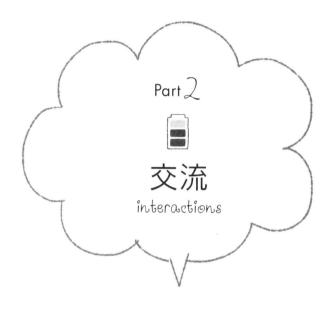

第9章 ひとつひとつの「交流」を大事にする

ニコラス・クリスタキス博士は、1990年代には、シカゴ大学の若手ホスピス医として、革の診察かばんを手に、シカゴ南部の死期の近い人々を往診する日々を送っていました。彼の患者は労働者階級のアフリカ系アメリカ人とシカゴ大学の教職員。そうした人々の家を訪れ、死期が近い人や亡くなった人の妻や夫が受けるダメージを目の当たりにしました。そうした経験が「遺された配偶者への影響」の研究につながりました。その影響については、社会学では「悲嘆のあまりの死」と呼ばれています。

クリスタキスがそんな生活を送っていたころ、彼の携帯にかかってきた電話が、彼の視点を大きく変えることになりました。電話があったのは、認知症の末期にある高齢女性を往診した直後でした。しかし、電話の声には聞き覚えがありません。

認知症の女性の介護をしていたのは娘さんでした。電話の主は、**その娘さんのご主人の親友**でした。娘さんは介護で疲れ切っていました。娘さんのご主人は、妻が疲れ切っていることで、気がめいっていました。電話の主は、親友のことが心配だったので、クリスタキスに電話したということでした。この電話で、クリスタキスは「遺された配偶者への影響」は、1人だけに及ぶのではなく、人間関係のネットワーク全体に及ぶのだと気づきました。

この電話以降、クリスタキスは世界を「人間関係のネットワーク」という視点から見るようになり、ネットワークが私たちにどんな影響を与えているかを研究してきました。研究の対象は、肥満への影響から、喫煙、投票、親切心への影響まで、多岐に及んでいます。クリスタキスのチームは、人間関係のネットワークをパソコン画面上の点と線のつながりで表し、そのネットワークの中で、時間の経過とともに肥満などが伝染していく様子を示すことで、私たちが、友人だけでなく、友人の友人、さらにそのまた友人からも影響を受けていることを明らかにしています。私たちは、会ったことさえない人からも影響を受けているのです。

一方私たちも、人と交流するたびに影響を与えています。その影響はさざ波のように伝播して、ネットワークの外にまで及びます。今ではイェール大学の教授で、同大学のネットワークサイエンス研究所の共同所長も務めるクリスタキスは、こう語っています。「あなたが減量したときも、楽しそうにしたときも、人に親切にしたときでも（中略）あなたはほかの人たちに影響を与え、今度はその人たちがほかの人たちに影響を与えます。私たちの概算では、あなたは自分のふるまいを通じて、10人、100人、時にはそれ以上の人に影響を与えています」

私たちの一生は、何百万回もの「人との交流」の積み重ねです。交流の時間――大抵は相手との「やりとり」――があなたをポジティブな気分にすることもあれば、ネガティブな気分にすることもあります。あなたの1日1日のふるまいが積み重なって、あなたの1年となり、10年となり、一生となるのです。ところが私たちはそうした時間に慣れっこになっていて、ふだんの1日の中で、そうした時間を気にかけることはほとんどありません。

通りで人とすれ違うときにあいさつや笑顔を交わすといった「短時間の交流」にも意味があります。「一瞬」という時間を仮に3秒として計算すると、私たちは1時間に1200回、1日に1万9200回、一生におよそ500万回の「一瞬」を経験することになります。経験についての調査で、1日の中でのそうした短時間の経験の「頻度」が、経験の「インパクトの強さ」よりも影響力があることが裏づけられています。

例えば、1日にちょっといいことが12回あった人は、ものすごくいいことが1回あった人よりもいい気分になれます。たった1日の中でさえ、ちょっとしたことが意味を持つのです。私のチームの調査では、1日を通じてとてもいい交流ができたと回答した人たちが、とても高い幸福感を得ている確率は、それ以外の回答だった人たちの**4倍近く**にのぼりました。

もちろん人生には、私たちの力ではコントロールできないひどい出来事が何度も起こるでしょう。でもあなたの次回の「人との交流」なら、確実にコントロールできます。どんなに悪い気分のときでも、意識的に、次の会話をポジティブなものにすることを選択しましょう。そうすることで、その日のその後の交流を改善できる可能性が高まります。ポジティブな会話は、相手にいい充電をするきっかけにもなり、ひいては、周囲の人たちみんなにエネルギーをもたらすことになります。

善意を持って行動する

人との交流がどんなものになるかは、あなたの選択によって決まります。怒りや敵意に満ちた人や、あなたをあからさまに無視した人に出くわしたときには、その後のポジティブなやりとりの可能性を消してしまうことがあります。

例えば、あなたがコーヒーショップの前で友人と立ち話をしていたら、急ぎ足の男があなたにぶつかり、あなたが手にしていたコーヒーが飛び散ったとしましょう。その後のポジティブなやりとりの可能性を消さないためには、その瞬間に、あなたはできる限り、この不運なシーンを前向きな状況に変える必要があります。たとえ非があるのはその男で、その男から謝罪らしきものが全くなかったとしても、前向きに捉えましょう。特に相手が知らない人の場合は、その人がそのときどんな状況にあるのかは、知るよしもないのですから。

私の場合、大抵は人にぶつかる側です。第1章でお伝えした通り、私は何年も前にガンで左目の視力を失いました。今ではかぶせ義眼をつけているので、見た目は良いほうの目とほとんど変わりません。そんなわけで、だれかが私の左側から近づいてきたら、その人は、私が見えていると思っています……。でも私は、見えていないのです。

私は片目が見えないせいで人とぶつかりますが、片目が見えないおかげで、相手がそのときどんな状況にあるかを垣間見ることができます。大部分の人は、私がひたすら謝ったら、言葉を返し、私が笑顔を向けたら（これはだいぶ練習しました）、笑顔を返し、水に流してくれます。それでもなかには、すぐにとがめ立てしたり、声や身ぶりに明らかな怒りの気持ちを表したりする人もいます。

私は早い段階で、相手の対応が影響を及ぼすのは、その後の私の幸福感ではなく、**相手の**幸福感なのだと気づきました。人に悪意を抱いたら、自分にダメージを与えることになるのです。ペプシコのCEOインドラ・ヌーイもこう述べています。「あなたが悪意を抱いているときには、あなたは怒っています。その怒りを捨てて、善意を抱いたら、あなたは自分でもびっくりしますよ。（中略）言い訳がましくなくなりますし、金切り声をあげなくなります。相手の話に耳を傾け、相手を理解しようと努めるようにもなります」

明らかな悪意に直面したときにも――めったにないことですが――前向きな状況に変えることを最優先させましょう。その後も、感情的になったり、その一件を一日中引きずったりしないことです。友人とのやりとりであれ、知らない人とのやりとりであれ、できるだけ多くのやりとりで、会話を始めたときよりちょっといい感じで終われるようにすることを、あなたの使命にしましょう。

頻度にこだわる

すべての人間関係は、何回かの「交流」を通じて形成されます。あなたが今日、初対面の人に会ったとしましょう。その人との交流がいやな体験だった場合は、今後、あなたがその人に会いたいと思う可能性は低いです。その人とポジティブなやりとりができた場合は、健全な人間関係を築く可能性がはるかに高まります。そして、いったん人間関係を築いたあとも、関係を発展させるには、頻繁に交流を重ねる必要があります。

ニコラス・クリスタキスが1990年代に痛感したように、あなたと一日中一緒にいる人は、あなたの幸福感に多大な影響を与えます。2008年に、クリスタキスと研究仲間のジェームズ・ファウラーは、人間関係のネットワークのなかで、幸福感がどのくらい伝染するかを調査しました。その結果、**「地理的に近いこと」**が、私が考えていたよりはるかに幸福感を左右することがわかりました。自宅から半マイル（約800m）以内に（幸福な）友人が住んでいた人は、幸福感を感じる可能性が40％以上も増えたそうです。

友人が2マイル（約3・2km）離れたところに住んでいた場合は、幸福感への影響力は20％程度に半減しました。3マイル（約4・8km）以上離れていた場合は、10％程度に下がり、距離が開くにつれて、影響力も低下したそうです。クリスタキスとファウラーはこう記しています。「幸福感がどのくらい伝染するかは、人間関係の親密さよりも、接触する頻度によって決まるのかもしれません」

そうは言うものの、親密な関係にある人たちは、たとえ別の都市や別の国に住んでいても、いずれ大きな影響を及ぼす可能性があります。地理的に遠い人たちとのつながりを維持したり強化したりすることは、時間を投資するだけの価値がありますし、今では、テクノロジーやSNSのおかげで、以前よりはるかに簡単にできるようになっています。

2012年にフェイスブックとコーネル大学の研究者チームが行った実験は、のちに物議をかもすことになりましたが、ＳＮＳを通じて大規模な「感情」の伝染が起こることを示しています。研究者チームは、感情が、短時間のオンラインでの交流を通じて伝染するかどうかをテストするために、フェイスブックの68万９００３人のユーザーのニュースフィードを操作しました（ユーザーたちに実験が行われることを知らせずに、こうした操作を行ったことが物議をかもしました）。ニュースフィードからポジティブなコンテンツの表示を故意に減らしたときには、その後、ユーザーたちのポジティブな投稿が減り、ネガティブな投稿が増えたそうです。逆に、ネガティブなコンテンツの表示を故意に減らしたときには、ユーザーたちのポジティブな投稿が増えたそうです。

この実験に対する反響が、日常的な交流が「１日の経験」に及ぼす影響力を、多くの人が過小評価していることを物語っています。あなたが友人と思っている人であれ、名前を知っているだけの人であれ、あなたが１日、あるいは１週間にやりとりする人すべてが、あなたの幸福感に影響を及ぼしています。同時に、あなたのほうも、１日のすべての会話を通じて、相手にいい充電をすることができるのです。

第10章 会話の80%をポジティブなコメントにする

私は、ポジティブ一辺倒の人と話していると、会話を現実な方向に持って行くのに苦労することがよくあります。ポジティブ一辺倒の人は、意外にも、常にネガティブな人と共通する部分が多いようです。どちらも、周囲の人たちをイライラさせたり、悩ませたり、周囲の人たちから無視されたりします。

だからこそ、「ポジティブなやりとり」と「ネガティブなやりとり」との適切な**割合**を調べる研究が行われてきたのではないでしょうか。ここ20年ほどの間に、研究者たちは、人と人との会話を分析し、「ポジティブなコメント」と「ネガティブなコメント」の割合にもとづいてその会話を評価するといった単純な方法で、いろいろな結果を予測してきました。夫婦の会話を分析して、夫婦が離婚する可能性を予測した研究者(※1)もいれば、社員チームの会話を分析して、チームが高い顧客満足を得られる確率や、チームの生産性レベルを予測した研究者もいます。

近年は、そうした「短時間のやりとり」が大事なことの根拠となる研究成果も発表されています。例えば、あなたが批判されたり、拒絶されたりしてネガティブな感情を抱いたときには、ストレスに反応するホルモン「コルチゾール」の分泌量が増えます。このホルモンの分泌量が増えると、あなたの思考は中断され、脳の危機管理メカニズムが働いて「闘争・逃走反応（「立ち向かうか逃げるか」の二者択一を自分に迫る本能）」が起こります。この反応が起こると、あなたは事態を実際よりも悪いものと認識します。コルチゾールの分泌が、反応を持続させることにもなるので、そうした認識がしばらく続くことになります。特にあなたがネガティブな出来事をいつまでも考えていた場合は、闘争・逃走モードがしばらく続くことになります。

あなたがポジティブなやりとりをしたときには、全く異なる反応が起こります。ポジティブなやりとりは、「オキシトシン」という、人をいい気分にするホルモンの分泌を促します。このホルモンは、コミュニケーション能力や、人と協力したり、人を信頼したりする能力を高めます。オキシトシンによって、脳の前頭葉前部の神経網の働きが活発になると、思考と行動の範囲が広がることになります。ただしオキシトシンはコルチゾールよりも代謝が早いので、オキシトシンの効果は、コルチゾールほど劇的ではありませんし、長続きもしません。

1回のネガティブなやりとりのマイナスを補うには、少なくとも3〜5回のポジティブなやりとりが必要です。いやな時間は、いい時間よりも重くのしかかるのです。あなたがやりとりをするときには、1対1のやりとりであれ、集団での話し合いであれ、次の原則を頭に入れておきましょう。

「コメントの少なくとも80％は、うまくいっていることについてのコメントにする」

この割合は、とくに職場などでは、逆になっていることが多いです。調査によれば、管理職が部下に勤務評価を伝えるときには、時間の80％は弱点や欠点、「改善が必要な分野」を伝えることに費やしているそうです。つまり「強み」や「いいところ」については時間の20％程度しか費やしていません。この比率を逆にする必要があります。あなたが仕事のチームとミーティングを行うときには、時間の大半を「**うまくいっていること**」に費やし、残りの時間を悪いところの対処に使いましょう。

ポジティブな言葉は「接着剤」になる

あなたが使う言葉のほとんどが、ポジティブかネガティブ、どちらかのイメージを持っています。幸い、研究者たちが「表現のポジティブバイアス」と呼ぶ偏りがあり、私たちが使う言葉の大半は、ポジティブなイメージの言葉です。数カ国語についての大規模な調査によれば、ネット上のブログやチャットルーム、フォーラムなどのコメントのおよそ5語に4語は、ポジティブな言葉だったそうです。

書き言葉であれ話し言葉であれ、ポジティブな言葉は人間関係をつなぎとめる「接着剤」になるようです。会話や手紙、メールに使われる言葉は、ポジティブな言葉が圧倒的に多いそうです。ネガティブな言葉の重みを打ち消すには、それほど多くのポジティブな言葉が必要だというわけです。

ネガティブなイメージの言葉は、ポジティブな言葉の4倍の重みがあると言われています。あなたが友人にネガティブなコメントを1つ書いたら、その友人をニュートラルな状態にするには、ポジティブなコメントが4つぐらい必要です。実験によれば、2人がオンラインディベートをした場合、相手から送信された文をネガティブだと受け止めるたびに、減点が増えたそうです。

だれかに異議を唱えたり、言いにくい問題点を指摘したり、悪いニュースを伝えたりするときには、必ず、いい側面もいくつか伝えましょう。そのときの会話全体のなかで、ネガティブな言葉よりもポジティブな言葉がずっと多くなるように、うまくバランスを取ってください。最後は、希望が持てるような具体的な話で締めくくりましょう。相手に改善してほしいことを伝えたら、相手がそれを実行したときのメリットが理解できるようにしましょう。もしあなたがネガティブなコメントを連発したら、必要以上の悪影響をもたらし、相手は心を閉ざし、耳を傾けない可能性が高いです。

教師たちも、保護者との面談のときにそのことを忘れないようアドバイスされているようです。保護者は、面談が気分よく始まった場合は、教師の話に耳を傾け、話を受け入れる可能性が高いそうです。

人間関係を維持するには、ポジティブな言葉を使うよう、常に気を配る必要があります。心ない一言は、そのときには大したことがないように思えても、相手の頭に刻み込まれます。友人たちが、あなたからのメールや電話でちょっと気分が盛り上がると気づいたら、彼らとの関係を強化できることになります。

少なくとも注意を払う

たとえポジティブなコメントではなくても、なにも言わないよりは声をかけたほうがいいようです。私は子どものころに、だれかにひどいことを言うくらいなら、その人を無視したほうがマシだと教えられましたが、その逆だったのです。2014年のカナダの研究者チームの調査で、職場での無視は、いじめやハラスメントよりも心身の健康に悪影響を及ぼすことがわかりました。

研究者の1人がこう記しています。「集団生活では、だれかを無視するのは悪いことではないと教えられてきました。（中略）でも実際には、だれかを疎外する行為は、その人にますます無力感を覚えさせ、自分には注意を払ってもらえる価値さえないと思わせることになります」。この調査の参加者たちも、だれかを無視することは、他の選択肢よりも安全で、相手に与えるダメージも少ないと考えていましたが、実際には、より大きなダメージを与えています。職場で疎外された人たちは、いじめにあった人たちよりも、仕事へのエンゲージメントレベルが低く、離職率が高く、健康上の問題を多く抱えていたのです。

この調査は、職場での「疎外」と「いじめ」を比較したものですが、私が行った調査やリサーチした数多くの調査でも、同様の結果が出ています。上司から注意を払われない社員が仕事中に別のことを考えている確率は、上司から弱点ばかりを指摘される社員の2倍近くに上りました。

私たちは、相手に注意を払うことの重要性を過小評価していたようです。人は、無視されると、最悪のことを想定する傾向があるそうです。私も、いつもコミュニケーションをとっている人が私に話しかけなくなったら、私がなにか悪いことをして、怒らせてしまったのだろうかと、すぐに考えます。でもそうではないことがほとんどです。私たちの脳は、コミュニケーション不足を必要以上に悪く受けとめるようです。

　ネガティブなフィードバックを受けても、全くフィードバックがないよりはましなのです。周囲の人たちが私を批判したとしても、その人たちは、少なくとも、私に注意を払うだけの関心があるのだとわかりますから。ただし理想としては、厳しい現実をのみ込むときには、いくつかの励ましの言葉も一緒にのみ込みたいところです。

（※1）心理学者のジョン・ゴットマンのチームは、数多くの夫婦たちを対象に、結婚生活やお互いに対する見方を調査し、肯定的な見方と否定的、批判的な見方の比率が5対1の場合は、結婚生活が長続きするという説を打ち出した。チームはこの比率を利用して、７００組の新婚夫婦について、結婚生活が長続きするか、それとも離婚にいたるかを予測した。チームは新婚夫婦の15分間の会話を録音し、そのなかの肯定的なコメントと批判的なコメントの数を数え、5対1の比率に照らして、のちに離婚にいたるかどうかを予測。その10年後、追跡調査によって、チームが離婚すると予測した夫婦の87％が実際に離婚していたことが判明した。

第11章 小さなことからスタートする

あなたにとってなにが幸福かを、いつも他人の基準で決めているとしたら、あなたは勝つチャンスのないレースに参入することになります。今の世の中、どっちを向いても、あなたが満足するにはまだ足りないものがあると訴える広告ばかりです。あなたに今以上の消費を促すために、マーケターたちは、あなたが次の丘の頂上まで行けばもっと幸せになれる理由を、次々に示すでしょう。ですが、そのレースに巻き込まれたら、あなたに勝ち目はありません。

幸い、あなたへのいい充電となるものは、丘の頂上ではなく、ありふれた風景の中にあるので、大きな買いものは必要ありません。家を出る前に配偶者とあたたかいやりとりをする、仕事仲間のデスクに立ち寄って称賛の言葉をいくつかかける、天気のいい日に散歩に出る、親友に電話したり、親友があなたを最も必要としているときに「配慮」というギフトを贈る……。

スタンフォードとハーバード・ビジネススクールの研究者チームの最近の実験によれば、こうしたささいな行為のほうが、もっと派手な行動よりも、相手の幸福感を高めるようです。実験の

1つは、一方の参加者グループには、相手を幸せにすることを目指してもらい、もう一方のグループには、相手を笑顔にすることを目指してもらうというものでした。この実験で、幸福度を高めるための幅広い、漠然とした企画よりも、笑顔にするための直接的で小さな行動のほうが、はるかに効果があることがわかりました。

論文の著者はこう記しています。「参加者たちの直感に反して、幸福感を高めるための小さく具体的な目標を目指す行動は、大きく抽象的な目標を目指す行動よりも、相手の幸福につながることが多い」。この実験結果は、だれかの大きな問題に取り組むための驚くほど単純な方法を明らかにしています。友人が大変な思いをしているときには、まず、その友人の気持ちを盛り上げるためになにかをやり、そのあとで、もっと大きな問題に入っていけばいいのです。

「質問」を会話のきっかけにする

あなたが会話を始めるのが苦手なタイプであれ、簡単にできるタイプであれ、初対面の人に話しかけることは、あなたのプラスになります。人がいっぱいいる部屋で、知らない人と会話を始めるのがどんなに大変かは、私も承知しています。実際、それを考えただけで、心拍数が上がるほどです。それでも、会話を始めるときには、いい質問をすることに集中し、質問したら相手の答えに耳を傾けるようにすればいい、と思うことにしています。質問することで、なにか気のきいたことを言わなくては、と思わずに済みます。だから、私の社交面での不安が和らぐのです。私は人気取りみたいなことは得意じゃないですが、興味深い人々のことを観察したり、知ったりするのは大好きです。

質問することは、相手があなたの影響力を警戒しているときや、あなたの信用性を疑っているとき、ディベートに参加しているときには、さらに効果があるようです。イギリスの研究者チームが、交渉のプロたちの交渉記録数年分を分析したところ、質問が、相手に同意させるのに非常に有効であることが判明しました。平均的な交渉人が、1回の交渉で質問に割いた時間は10分以下。ところが成功率が高い交渉人たちは、交渉時間の21％を質問に割いていました。

私たちは、自分のことを話すのが大好きです。研究者たちの概算では、私たちの日常的なコメントの40％は、自分の考えや気持ちを人に伝えるものだそうです。ハーバード大学の神経科学者チームが脳スキャンを使って、自分のことを話しているときに、脳のどの部位が刺激されるか調べました。その結果、食べものやお金で刺激されるのと同じ「脳内報酬系（快感をもたらす神経回路）」が刺激されることがわかりました。この実験を行ったダイアナ・タミルはこう説明しています。「自分についての打ち明け話をすることで、特別な報酬が得られるのです。(中略) 実験の参加者たちは、自分のことを話すためなら、現金の報酬を見送ることもいとわなかったほどです」

恥ずかしい話や失敗した話をして、自分のことをオープンにしたほうが、相手からの信頼が得られるものです。ですから、あなたの小さな失敗やおかしな癖を受け入れましょう。いくつもの実験が、「腰が低い」とか「恥ずかしがり」というのはいい資質であり、だらしないとして恥じるようなことではないことを示しています。要するに、謙虚な人は信頼を得られるということです。

カリフォルニア大学バークレー校の研究者チームが、「恥ずかしがり」と「信頼性」の関係を調べる一連の実験を行いました。その結果は、私たちには、恥ずかしがり屋の人とつき合いたいと思う傾向があることを示しています。研究者たちは、60人の学生に人前で恥ずかしい思いをした体験を話してもらい、それをビデオに収めました。学生たちの話は、太った女性を妊娠していると勘違いしてバツの悪い思いをしたとか、相手の外見だけを見て間違った思い込みをし、赤面する事態に陥ったといったものでした。その後、研究者たちは、各学生が示している恥ずかしさのレベルを段階評価しました。

次に、実験の参加者たちに、この学生たちと一緒にゲームをしてもらいました。参加者たちは、ビデオを見たあとに、学生とゲームをしたときのほうが、学生に協力的で寛大だったそうです。この実験は、恥ずかしくて赤面した体験を気にする必要がないことを示しています。それどころか、恥ずかしさを素直に表に出すことで、信頼を得て、将来の友情につながることもあるのです。

かつての私は、内心の動揺や自分の弱みを人に見せることには、かなり消極的でした。特に仕事の場では、見せないようにしていました。ですが、自分をもの笑いの種にするのが一番無難なのだと思うようなりました。無理に自分を取り繕ったら、相手を不快にさせる恐れがあります。私の心配ごとや欠点、失敗の話をすると、おもしろい体験談のやりとりにつながることがよくあります。そのやりとりがきっかけで、永続的な関係を築いたこともありました。自分のことを、いいところも、悪いところやカッコ悪いところもオープンにすることで、多大な時間の節約にもなっています。私が、私とは別人のような人と誤解されることがないからです。

職場での友人をつくる

仕事の全体像が見えてこないうちは、職場での親しい人間関係など必要ないと考える人が多いようです。確かに、わき目もふらずにコツコツ仕事に取り組んでいれば、明日はもっと多くの仕事をこなせるようになるかもしれません。ですが、人間関係を築いたり維持したりすることができなければ、いずれは仕事のペースは落ちてしまいます。

人の協力があって、はじめて実質的な成果が生まれるのです。私は世の中に役立つ仕事を、ひとりで成し遂げたことはありません。職場の人間関係が仕事の効率を上げ、仕事の達成を後押しするのです。私が一緒に仕事をしていない仲間に、なにかを説明するのに15分かかったとします。でも同じ話を職場の親友にする場合は、1分で終わるのです。

友情がスピードを早めるのは、感情が言葉よりも速く伝わるからだそうです。私たちが職場の友人に会ったら、一言も交わさなくても、お互いの表情やボディランゲージを見て、感情をやりとりできます。友人と親しければ親しいほど、お互いに言葉や言動の癖が似やすくなります。そのおかげで、私たちは友人となら、より少ない時間でより多くの情報を交換できるのです。

心理学者のジェームズ・ペネベイカーは言葉の影響の研究にキャリアを費やしてきました。彼はこう語っています。「2人の人間が会話を始めたら、大抵は、ほんの数秒で同じようなしゃべり方になってきます」。ペネベイカーのチームが、夫婦が使っている言葉のシンクロ度を分析したところ、2人の関係が良好な時期には言葉の使い方が似ていて、関係が悪化した時期には、それほど似ていなかったそうです。このことは、私たちが相手の言葉使いをまねしていたら、関係がうまくいくと予測できることを示唆しています。とはいえ、ボディランゲージや表情、言葉のまねを、親友に対してだけのものにしておくことはありません。全く知らない人の表情や身のこなしをまねるだけで、会話の質を改善することができるのです。

職場に友人がいたら、エネルギーをもらえたり、一日中効率のいいやりとりができます。これは、創造的な思考を要する問題解決や、新製品の開発に取り組んでいるチームには、特に大きな意味を持ちます。一緒に過ごして楽しめる人たちと働くのは、気分がいいものです。いくつかの実験で、気分のいいときには、創造力が高まり、思考の幅が広がることがわかっています。ギャラップ社の調査では、職場に「親友」レベルの友人がいる人たちは、いない人に比べて、仕事にエンゲージしている時間が**7倍**も多いという結果が出ました。それだけエンゲージできるのも、創造力や思考力が高まるからでしょう。

従業員たちに、職場の親友と**どのようにして**親しくなったかをインタビューした研究者たちがいます。彼らによると、職場の「知り合い」が「友人」に変わるのに要する時間はおよそ1年。仕事仲間が「友人」に変わるかどうかは、仕事と関係のない話に費やす時間の長さで決まるそうです。その後、「友人」から「親友」へと発展するきっかけとなるのは、意外にも、私生活や仕事での悩みを話したことでした。そういう打ち明け話が、強固な関係を築くのに欠かせない要因だったのです。

職場でしっかりした人間関係を築くには、時間と労力を必要とします。でもまずは、仕事仲間に「いい週末を過ごせましたか？」とたずねるとか、定期的にお昼を食べに行くといった簡単なことから始めればいいのです。そうしたことに労力を注ぐだけの価値はあります。なぜなら、あなたの築く人間関係が、あなたの仕事と幸福にプラスになるからです。

第12章 交流のための「休み時間」を設ける

バンク・オブ・アメリカは、コールセンターを開設したとき、顧客対応業務ができるだけ効率よく進むよう、細心の注意を払いました。従業員の休み時間は、だれも時間帯が重ならないように組みました。そうすれば、業務が途切れる時間がないからです。ですが、従業員の離職率は、受け入れがたいほど高いものでした。

バンク・オブ・アメリカがこの問題について分析したところ、原因は、従業員同士のかかわり合いや日々のコミュニケーションがないことだと気づきました。従業員のパフォーマンスに影響を与えている要因のうち、「協調性」が、他の要因の6倍の影響力があることがわかったのです。そこで、従業員の勤務スケジュールを変更して、従業員グループが同じ時間に昼食をとったり、休憩したりできるようにしました。

その3カ月後、従業員の電話対応のスピードが23%速くなり、グループ内の協調性は18%高くなりました。こうした生産性の向上を金額に換算すると、年に1500万ドル（約18億円）もの増収になるということです。こうしてバンク・オブ・アメリカは、従業員同士がつながりを持つ機会があれば、必ず人間関係が生まれ発展していくこと、そうした人間関係が銀行のビジネスに成果をもたらすことに気づきました。

すでに持っているものを活かす

あなたの成長を気にかけている人たちと一緒に過ごしたら、あなたは成長します。反対に、敵意をもった人やネガティブな人たちに囲まれていたら、確実にダメージを受けるでしょう。あなたと一緒に過ごす人たちは、あなたの幸福感、あなたの習慣や選択など、いろいろなものに直接影響を及ぼすことになるのです。

例えば、あなたの友人が喫煙していたら、あなたが今後喫煙する可能性が61%上昇します。友人の友人が喫煙している場合も29%上昇します。あなたの友人の友人の友人が喫煙している場合でも、あなたが同じ道をたどる可能性が11%上昇します。こうした影響力は、人間関係における「コンテイジョン・エフェクト（伝染効果）」と呼ばれ、喫煙に限らず、肥満をはじめ、さまざまなものに働くことがわかっています。

幸い、コンテイジョン・エフェクトはいい方向にも働きます。幸せな友人がいたら、あなたの幸福度は、年収が1万ドル（約120万円）増えるよりも上昇します。あなたがだれかに親切にしたら、その人は次のだれかに親切にする可能性が高く、その後も次々にペイ・フォワード（人から受けた好意を別の人へ回すこと）のつながりが生まれる可能性が高いです。人へのほぼすべての投資は、あなたの目の届く範囲を超えて、多大な波及効果をもたらすのです。

あなたがすでに持っているものを大事にし、大切な人たちとのいい経験を生み出し続けましょう。それが、幸福感の持続可能な改善に一番役立つことを、最近の実験が示しています。すでに持っているものを大事にしているときには、あなたは成長できますし、もっと多くのものが欲しくて悩むこともないでしょう。今あなたにあるリソースや人間関係を活かして、経験を生み出すたびに、あなたの幸福感に波及的な効果をもたらすことになるのです。

スマートフォンは1人のときに使う

相手に注意を払うには、少しばかり努力が必要ですが、その見返りは大きいです。親しい人たちとの付き合いほど、人生の価値を高めるものはありません。だからこそ、そういう人たちと一緒のときは、彼らに集中する必要があるのです。

私たちの周囲には、気を散らすものがいくらでもあります。場合によっては、気を散らすもののおかげで助かることもあります。私がスーパーのレジで長蛇の列に並んでいるときは、私のデジタル玩具（スマートフォン）が驚くほど役立ちます。それがあるおかげで、退屈でイライラするひとときが、情報を得たり、友人にメールしたりする機会に変わるのです。ですがこうした機器を、あなたが友人たちや仕事仲間、愛する家族と一緒にいる**最中に**使ったら、困ったことが起こります。

２０１４年の「iPhone Effect」と題する論文は、スマートフォンがそこにあるだけで会話が台無しになることがあると教えています。２００人を集めた実験で、スマートフォンがテーブルに置いてあったり、参加者が手に持っているだけで、参加者たちの会話にダメージを与えることが判明しました。スマートフォンが見えていたときの会話は、見えていなかったときの会話に比べて、充実度が低いと評価されたのです。参加者たちは、スマートフォンが見えていないときのほうが共感的な関心度が高かったと報告しています。

別の実験で、スマートフォンが見えているときには、注意力、複雑なタスクの遂行能力ともに低下することもわかっています。私はこうした内容の研究論文をさらにいくつか読んで、いつもの行動を変えることにしました。私がスマートフォンをテーブルに置くのは、単にそのほうが都合がいいから、あるいは安心できるからです。でもそうすることで、同席している人たちに言外のメッセージを伝えることになります。そのことを以前よりもはるかに意識するようになりました。着信音を止めていても、電源が切ってあってもダメなのです。スマートフォンが**見える**だけで、同席している人たちにも、私の注意力にも、私の人間関係の質にも悪影響を及ぼすのですから。

あなたが同席者の話にひたすら注意を向けたら、あなたが彼らの考えや意見、時間を大事に思っていることが伝わります。相手の話にひたすら耳を傾けるのは、新しい人間関係を築いたり、今ある友人関係をさらに強化するときの最善の方法でもあります。人の考え方を理解することに少しばかり時間を費やせば、あなたは1つ学ぶことができますし、成長したり、考え方を広げることにもつながります。

残念ながら、だれかがあなたに話をしているとき、あなたはほとんどの時間、大して耳を傾けてはいません。なかには、自分は耳を傾けるふりをするのがうまいから大丈夫などと思っている人もいるでしょう。でも、たぶんバレています。人間は、わずか1000分の何秒かで人の表情を読み取ると言われています。ですから、大して注意を払っていないときには、相手は、たとえなにも言わなくても、無意識のうちに気づいています。

あなたも、自分が話しているのに相手が明らかに別のことに気を取られていて、不快に思ったことがあるのではないでしょうか。研究者たちによれば、私たちは話を聞くスピードよりも考えるスピードのほうがはるかに速いので、聞く能力の4分の1しか使っていないそうです。だからマルチタスクが可能になるわけです。

だれかと一緒に同じ部屋にいるなら、アイコンタクトを取るだけでは不十分です。私たちは、スマートフォンのメールをチェックしていなくても、頭の中で別のことを考えることがよくあります。私も時々、人の話に耳を傾ける代わりに、自分が次にしゃべることを考えてしまいます。

さらにもうひとつ、困った問題があります。平均的な人が続けて耳を傾けていられるのは、たったの17秒なのだそうです。

あなたがだれかと一緒に過ごすことを選択したときには、それが一緒の食事であれ、ドライブであれ、散歩であれ、相手にしっかり注意を払いましょう。スマートフォンで電話をしたり、アプリを使ったり、メールを読んだりしたら、あなたが相手の時間を大して大切にしていないことが相手に伝わることになります。あなたが一緒にいることを選択したのです。だったらその時間を大事にしましょう。

第13章 「モノ」よりも「経験」にお金を使う

あなたが一番思い出に残っている休暇や旅行、イベント、経験のことを思い出してみてください。あなたの大切な人たちと過ごした時間を振り返るのは、すごく楽しいことだと思いませんか。すばらしい「経験」は、その後何年も続く思い出や、幸福感を生み出すのです。

研究者たちは、人との有意義な「経験」にお金を使うことほど、いいお金の使い方はないことに気づきました。これは、お金の有効な使い方についての最も重要な発見ではないでしょうか。大切な人との旅行の「前」と「最中」と「後」になにが起こるか考えてみれば、その重要性がわかります。あなたが旅行のかなり前から計画を立てたら、「楽しみに待つ」というワクワクする数カ月を経験することになります。それから、友人や家族との旅行を実際に経験します。その後は、その経験が長年にわたって、懐かしい「思い出」になります。

楽しみに待っている期間 実際の経験 思い出

　こうした「経験」にお金を使ったときの楽しさと、あなたが新しいシャツとか新しい車といった「モノ」を買ったときの安易な快感を比べてみてください。「モノ」を買った直後は幸福度がちょっと高まるかもしれません。でも新しい車を買ったときの快感も、翌日の月曜の朝、交通渋滞の中でじっと車の中に座っていたら、急速に薄れてしまいます。それなら、配偶者と食事やコンサートに出かけるとか、子どもたちをスポーツ観戦に連れていくといった、「経験」にお金を使ったほうがはるかにいい使い方だと思いませんか。

　ただし、あなたが学んだり成長したりするのに役立つ「モノ」、例えば本やDVD、スポーツ用品や楽器などにお金を使う場合は例外です。２０１４年の調査で、「モノ」よりも「経験」のほうが幸福度を高めることが判明しました。

　サンフランシスコ州立大学のライアン・ハウエルは消費行動研究の第一人者。彼は、経験にお金を使うことの継続的なメリットが過小評価されていると述べています。「私たちの実験でわかったのは、大きな見込み違いがあるということです。経験は、一時的な幸福をもたらすだけだと考えられていますが、実際には、モノよりも経験のほうが幸福と継続的なメリットをもたらしています」

ハウエルのチームが、参加者たちに、モノを買った2週間後の幸福度を事前に予測してもらい、購入2週間後にもう一度インタビューしたら、予測はかなり当たっていました。ですが、参加者たちが経験にお金を使った2週間後に、それがお金の上手な使い方だったかどうかを段階評価してもらったら、参加者たちの評価は、事前の予測よりも、**2倍も高く**なりました。ハウエルはこう説明しています。「時とともに、モノは壊れていきますが、経験は、変わらずに残り続けます」

「経験」を買うためなら、スポーツの試合やコンサートのチケットの順番待ちの列に並ぶことさえ楽しくなります。「経験」を買うことには、「モノ」より長続きするというメリットのほか、同時に何人もの幸福感を高めるというメリットもあります。あなたがだれかと一緒に過ごす「経験」にお金を使うたびに、幸福な人を増やすことができるのです。

ところが大部分の人は、経験よりもモノにはるかに多くのお金を使っています。典型的なアメリカの家族は、車と住居に費やした金額が、年間支出の50％を占めています。それでは、食べ物や娯楽、旅行、レクリエーションに使うお金は――少なくともパーセンテージの数字の上では

――十分に残りません。他の先進国では、住居と交通手段の費用が占めるのは30～40％程度ですから、モノに費やすお金の2～3倍程度を、「経験」の購入用に残せることになります。

ひとつ注意しておきたいことがあります。もしあなたが、単に他人によく思われたいという理由で「経験」にお金を使ったとしたら、幸福感は得られません。ハウエルはこう記しています。「『なにを買うか』と同じくらい、『なぜ買うか』も大事です。（中略）他人によく思われるために『経験』を買った場合は、買ったことで得られた幸福感を消し去ることになります」

ハウエルによれば、「経験」が人間の成長に必要な心理的欲求、例えば、有能になりたい、自分のことは自分でしたい、他の人たちとつながっていたい、といった欲求を満たした場合は、幸福感を得られるそうです。ハウエルは241人を対象とした調査を行い、参加者が「経験」を買うかどうかは、「経験」を買うことで参加者の心理的欲求を満たせるかどうかで決まることがわかりました。そして、「経験」を買うことが自分の欲求や興味、価値観に合うという理由で買った参加者たちのほうが、実際の「経験」がはるかに充実したものになったそうです。

人のために「幸せ」を買う

ハーバード・ビジネススクール教授のマイケル・ノートンは、「お金」と「幸せ」の関係の研究にキャリアの大半を費やしてきました。大金持ちになったら幸せにはなれないとよく言われますが、彼は、貯めたお金の額は幸福度に影響しないことに気づきました。彼はこう述べています。「だからと言って、お金を貯めるのが悪いわけではありません。幸せになるのに大して効果のないことにお金を使っているのです」

幸せに影響するのは、金額よりも「**お金の使い方**」なのです。ノートンの調査によれば、自分にお金を使えば幸せになれると思い込んで、落とし穴に陥るケースが最も多いそうです。極端なケースでは、豪邸に住み、高級車に乗っているのに、友人は1人もいなくて、慢性的なうつ状態に陥っている人もいるそうです。

ノートンは実験を通じて、正しいお金の使い方も見極めました。実験でわかったのは、例えば、次のようなことです。あなたが今から自分のためにコーヒーを買いに行ったとしても、あなた自身の幸せにはほとんど効果がありません。でも、あなたが人のためにコーヒーを買ったとしたら、あなたもその人も同時に幸せな気分になります。ノートンは、お金を人のために使えば、お金で「幸せ」を買うこともできるのに、人々は自分のためにお金を使うことで、多額の「幸せ」を取り逃がしていると感じています。あなたのお金を最大限に活かし、同時に幸福度も高めたいなら、お金を人のために使うことから始めましょう。

何らかの品物の購入に踏み切る前に、その品物がほかの人やあなたの人間関係にプラスになるのか考えてみましょう。あなたがお金を使うことで周囲の人たちが幸せになるのなら、それを買うのは健全な投資になります。しかし、購入すればすぐに快感をもたらすものの、あなたや周囲の人たちに継続的な効果をもたらさないようなら、やめておきましょう。あなたが物質的な財産へのこだわりを捨てるほど、あなたと周囲の人たちとの人間関係は強まるはずです。

前もって「幸せ」のための計画を立てておく

あなたが旅行などのイベントを計画するときには、実際に経験するまでの間に、その計画自体がほかの人の幸福感を高めることを考慮に入れましょう。私は２００６年に、新婚旅行を計画していました。ちょうどそのころ、経験を「楽しみに待つことの効用」についての初期の研究論文をいくつか目にしました。研究者たちは、「楽しみに待つこと」「実際の経験」「思い出」のそれぞれが、どの程度、幸福感をもたらす効果があるか調べていました。

私は、「楽しみに待つこと」が、イベントそのものよりも人を幸せな気分にすることを知りました。「思い出」にも、「実際の経験」よりも長期的な効果がありました。最初は驚きましたが、それまでの旅行を思い出してみると、思い当たるところがありました。あなたも、荷造りをし、空港のセキュリティーゲートを通り抜け、長時間車に乗り……といった「経験」よりも、「思い出」のほうが価値があるように思えませんか。

私はこうした研究論文を読んで、妻へのサプライズとして新婚旅行計画を秘密にしているのは、全くの愚策だと気づきました。そこで妻に、私たちがどこへ行き、なにをしようとしているのか、詳しく話しました。その効果が現れるのを見るのに、長くはかかりませんでした。２、３日後に、妻が旅行先についてパソコンで調べたり、友人と話したりする姿を見ることができました。

あなたが今度だれかとの「経験」を計画したときには、その計画をできるだけ詳しく伝えましょう。週末に友人、あるいは子どもたちと地元の公園などに出かけるつもりなら、前日のうちに計画を伝えておきましょう。私は子どもたちにそういう話をするようになって、「楽しみに待つ」ことが、経験そのものをさらにいいものにするのに役立つことに気づきました。

旅行などのイベントについては、何カ月か前に計画することをおすすめします。大規模な調査で、旅行を楽しみに待つことで、何週間、ときには何カ月にもわたって幸福感が高まることがわかっています。「経験」が計画通り、思い通りのものではなかったとしても、たぶんその「思い出」は時とともにいいものに変わります。私たちは、「モノ」については、時とともに慣れてしまったり忘れたりしますが、共有した「経験」については、バラ色のめがねを通して思い出すことが多いそうです。ですから、海で雨の日を過ごしたり、遊園地が混み過ぎだったりしても、がっかりしないでください。いずれは、家族との楽しい思い出になるのですから。

第14章 単独飛行はやめておく

人生で最高のひとときが、ひとりでいるときに生まれることはめったにありません。人生を価値あるものにする時間は、あなたが親しい人たちと一緒のときに訪れます。ところが私たちは、あまりにも多くの時間と労力を個人的な目標の達成に注いでいます。勉強であれ、仕事、趣味であれ、必要以上の時間を単独での取り組みに費やしているのです。

研究者チームが調査の一環として、参加者たち（大学生）に、これまでで一番うれしかった出来事と最悪の出来事を書いてもらいました。そうした最もインパクトの強かった思い出として参加者たちが挙げたのは、ほとんどがだれかと一緒にいるときの出来事でした。参加者たちは、4つの調査のなかで、親しい友人との出会いや別れ、恋に落ちたことや失恋したことを思い出しました。こうした調査の結果について、研究者の1人はこうまとめています。「つまり、参加者たちの人生に最も影響を与えたのは、ほかの人とつながっているときの出来事だったのです」

調査のなかには、参加者たちに、単独で取り組んでいるときのうれしかった出来事、最悪の出来事、だれかと一緒のときのうれしかった出来事、最悪の出来事を書いてもらい、その4つのインパクトの強さを段階評価してもらうものもありました。参加者たちは、単独で取り組んでいるときの出来事よりも、だれかと一緒のときの出来事のほうがインパクトが強かったと評価しています。賞を獲得したとか、課題を終わらせたといった個人的な目標の達成は、最もインパクトを与える出来事ではなかったのです。一方、人と一緒の経験については、研究者たちは、「人間には帰属の欲求があるので、心に訴えかける力を持っている」と結論づけています。

あなたの優先的な目標をいくつか思い出してみてください。そして、それが仕事での大きなプロジェクトを終わらせることであれ、学位を取ること、あるいはハーフマラソンを完走することであれ、あなたの目標が、単独での取り組みなのか、人と一緒の経験になるのか、考えてみてください。個人的な目標に取り組むのは悪いことではないですが、その目標を達成した思い出は、今から25年後のあなたの宝ものにはならないことを頭に入れておいてください。

Win-Winの関係を築く

2人の人間が一緒のほうが、別れているより幸せになるというのが、人間関係の基本前提です。あなたは、配偶者と一緒のほうが、離れているよりも多くの楽しいときを過ごせるはずです。職場の友人とあなたは、かかわらずに働いていたときよりも、お互いに多くの楽しいときを過ごし、多くの仕事をこなせるはずです。ですが、そうしたことが忘れられていることが多いようです。

研究者チームの実験で、初対面のときの会話が、その後の関係に大きく影響することがわかりました。研究者が初対面の2人に、10分でお互いを知るよう指示したら、2人がその後、一緒に取り組んだ課題の成績アップにつながりました。ただし、10分の会話に、競争意識を示すものがあったペアには、成績の改善がみられませんでした。

この実験結果は、あなたが出会った相手に善意を抱くことが大事なことの根拠になるのではないでしょうか。2人がともに善意を抱いていたら、目標を共有し、それを達成する可能性が高いですし、その過程も少しは楽しいものになるでしょう。ですが、どちらかが相手に競争意識を抱いていたら、2人の関係は最初からうまくいく見込みはありません。

経済学の世界で「ゼロサムゲーム」と呼ばれている利害関係があります。2人の人間が「ゼロサムゲーム」をしている場合は、1つのパイの分け前を決めるために戦うことになります。1人が60%の分け前を獲得したら、もう1人は40%しか獲得できません。スポーツの試合や政治の世界では、そうしたゲームをすることもあるでしょう。ですが、人間関係をゼロサムゲームとみなしたら、2人の関係は破綻への最短の道をたどることになります。

あなたが勝者になったら、相手は必ず敗者となるのです。「勝つか負けるかしかない」というゼロサムゲームのメンタリティーは、幼少のころに刷り込まれます。競争の文化、競争の世界では、そうしたメンタリティーが顕著に現れます。スポーツ選手やチームが金メダルを獲得したり、ワールドカップやスーパーボール（アメフトプロチームの優勝決定戦）で優勝したら、2位のチームは敗者とみなされるほどです。

一方、仕事の世界では、ほとんどの場合、**あなたが成功したほうが、ほかの人たちも成功する可能性が高いです**。もしあなたが作った製品や、立ち上げたビジネスが成功したら、あなたは雇用やサプライヤー、顧客を生み出します。経済全体に貢献することにもなります。あなたが仕事としてやることのほぼすべてが、競合他社やライバルへの競争意識が生み出すものより、多くの価値を生み出します。結果的に、競合相手に追いつくこととか勝つことばかりを考えている会社やチームは、成功する可能性が最も低くなるのです。

向社会的なインセンティブを利用する

なにか「インセンティブ」を用意しようというときには、おおかたの人は、がんばった人への個人的な賞与を考えると思います。ですが、個人的な賞与は効果がないことが多いです。たぶんそれは、個人的な賞与が、人は自分の利益に一番関心があること、少なくとも、他人への手助けよりは関心があることを前提にしているからでしょう。

一方で、他人を手助けしたいという欲求が、人を人間らしくする要因であることを数多くの調査が示しています。近年では、「(人に)与える」ほうが「受け取る」よりはるかに強力な動機づけになると考えている研究者たちが、それを確かめる実験を行っています。デューク大学のラリン・アニクのチームが行ったおもしろい3つの実験が、向社会的なインセンティブ、つまり他人を手助けできるインセンティブが、従業員の仕事の出来を改善し、仕事への満足感を高めることを示唆しています。

実験の1つは次のようなものでした。一方の参加者グループは、「いい仕事」をしたら賞金をもらえることになっていましたが、そのお金は、自分の請求書の支払いや自分へのプレゼントなど、自分のために使うと決められていました。もう一方の参加者グループは、賞金は、仕事チームの仲間たちに使うことになっていました。つまり向社会的なインセンティブというわけです。

この実験は、薬品メーカーの営業マン（伝統的に競争の激しい職業）のチームを対象としたものでしたが、**他人の役に立つ**インセンティブを与えられたチームは、自分のためのインセンティブを与えられたチームより、いい成績をあげました。

2つ目の実験は、スポーツチームを対象にして、同じ形式で行われました。その結果、チームメートにお金を使うという向社会的なインセンティブを与えられたチームは、試合の勝率に劇的な改善が見られました。

3つ目の実験では、研究者たちは大手銀行の一部の銀行員に50ドル（約6000円）の特別手当を与え、銀行を代表して慈善団体に寄付するよう指示しました。向社会的な寄付を支持された銀行員たちは、特別手当を与えられていない銀行員たちに比べて、幸福度も仕事の満足度も高かったそうです。

あなたのチームに「いい仕事」をしてほしいなら、他人やチーム全体に役に立てるインセンティブを用意して、意欲を高めてみませんか？　あなたの友人や仕事仲間、配偶者や子どもたちがなにかを達成したら、人に与えられるようなプレゼントをしてみませんか。慈善のしくみを作るのには時間やリソースを必要とします。彼らの親友も交えた「お出かけ」を計画してはいかがでしょう。「モノ」をプレゼントするなら、レストランでの食事券のような、ほかの人たちと分かち合えるものがいいでしょう。こうしたプレゼントを使って、あなた自身や人の意欲を高めませんか。そして善意が次から次へとつながるかどうか見てみませんか。人間の脳は、「受け取る」より「与える」ほうに、快感を覚えるようにできていることもお忘れなく。

第15章

「蓄積的な強み」を築く

あなたがだれかの弱点ばかりに目を向けていたら、その人は自分の能力に自信がなくなります。でも、その人のがんばりやうまくいったものに目を向けていたら、その人は自信を持ち、その後も自信を強めていくでしょう。調査によれば、そうした形で自信を持つのが人生の早い時期であるほど、その後の人生にもたらすメリットも大きくなるようです。

研究者チームは、7000人以上の人々の25年間の記録を分析しました。その結果、幼少時に芽生えた自信は、その後もさらなる自信を生んで、研究者たちの言う「蓄積的な強み」となり、そうした形で自信をつけた人は、それほど自信のない人に比べて、出世のペースがはるかに速いことがわかりました。幼少時に自信レベルが高かった人たちには、健康面でも、測定可能な違いが見られました。幼少時の健康レベルはほかの人たちとほとんど同じでしたが、25年後には、自信レベルが高かった人たちが抱えていた健康問題は、ほかの人たちの3分の1でした。

あなたの周囲の子どもたちが、自信につながるものに気づくのを手助けしませんか。あなたの人間関係のネットワークのなかに、ちょっと励ましが必要な子どもはいませんか。子どもが、自分がうまくできたことにはっきり気づくのを手助けしたら、急速に成長することもあります。子どもひとりひとりが、まだ表に出ていない才能を秘めています。もしかすると、そうした独自の強みに気づくのはあなただけかもしれません。ですから、見つけたときには、必ず教えてあげてください。私は個人的な体験を通じて、わずかな励ましの言葉が大きな影響力を持つことに気づきました。

人が自分の「可能性」に気づくのを手助けする

私の祖父ドナルド・O・クリフトンは、「強み」の研究に生涯を費やした人でした。ですから私は、家族がなにかにつけて「才能」の初期の兆候を探すような環境で育ちました。私が5歳になったころには、家族はすでに私の読書への強い興味を見抜いていました。9歳のときには、祖父が起業家的な才能に気づいて、私がスナックを売る小さな店を出すのを手伝ってくれました。場所を見つけるのも、スナックを大量に仕入れる方法を調べるのも、手助けしてくれました。でも一番貴重な体験となったのは、世の人々や、人とのやりとり、人間関係について学べたことでした。

小学校時代、中学高校時代、大学時代を通じて、私の「才能」と「興味」は、ビジネスと研究の分野、それからとにかくテクノロジーに関係ある分野であることがはっきりしてきました。私が1998年に大学を卒業すると、祖父は私にたずねました。「私と一緒に働いて、『強み』についての研究成果を、テクノロジーと『インターネット』という新手の手段を通じて、もっとたくさんの人に広める気はあるかい？」私は卒業後の数年間を祖父との仕事に費やしました。私たちのチームは、自分の「強み」を知るためのオンライン診断テストを開発し、「ストレングスファインダー」と名付けました。しかし、みんながこの新しいプロジェクトに興奮している最中に、祖父は、自分がステージⅣの（最も進行した）食道胃接合部ガンであり、あと2、3カ月しか生きられない可能性が高いことを知りました。

私は、その時点でガンと10年間闘っていましたから、自分の知識を活かし、自分の時間のすべてを注いで、祖父が可能な限り長く生きられるよう手助けしました。祖父と私はそのガンについての文献を見つけられるだけ見つけ、治療を求めていくつもの病院を訪ねました。私はそうした試練のさなかに、以前に祖父がこう言ったのを思い出しました。「みんな死者を追悼するときは優しい言葉をかける。優しいことを言うのを、人が死ぬまで待ってるなんて、ばかげてると思うね」

そこで、何日か夜更かしして、祖父への気持ちを表現した長文の手紙を書きました。そのなかで、祖父が長年にわたって私の人生にどれだけ大きな影響を与えたかを説明しました。言ってみれば、まだ生きている人への追悼文だったのです。手紙には、10代でガンと戦ったことについての個人的な話を書き、その時期に、祖父の人生観や生き方が大いに役立ったことを詳しく書きました。祖父の愛情や優しさ、考え方が私の中にどのように蓄積されたかを説明し、そしてその蓄積があったから、健康面でのリスクをなんとか切り抜けて、比較的健康な状態でいられるのだと書きました。

私は、文章でうまく伝える能力については、まるっきり自信がなかったので、手紙を祖父に渡すのをためらいました。でも、手紙を書いた理由を思い出して、渡すことにしました。祖父は手紙を読んで、深く感動し、喜びました。それは、驚くほどのことではなかったのですが、数日後の祖父とのやりとりは驚き以外のなにものでもありませんでした。

祖父は手紙を何度も読んだあとに、こう言ったのです。「トムには、言葉を使って文章を生み出す本物の才能があるようだ」。こんなことを、はっきり言った人はもちろん、ほのめかした人さえいませんでした。祖父は私にたずねました。「手紙に書いてあった個人的な話を、本で紹介してもいいかい？」私は、ほかの人が文章を書く限り、かまわないと思いました。

祖父は次に、こうたずねました。「これから私が**2カ月**にわたってその本を書くけど、手伝う気はあるかい？」私との会話のなかで、祖父が自分の健康状態の現実を認めたのは、このときだけでした。「できるだけのことはやってみるよ」と了承しました。祖父には、人々の役に立ちそうな知恵がいっぱいあることを知っていましたから、ベストを尽くすつもりでした。それから2カ月間、私たちは休むことなく働き、『心のなかの幸福のバケツ』の草稿を完成させました。祖父が亡くなる直前のことでした。この本は、出版以降、祖父の研究を何百万人もの人々に届けてきました。子ども向けに書き換えたものも出版し、今では世界各地の授業で使われています。

「究極の強み」を備える

こうした経験を通じて、たった1回のやりとりや観察が、生涯続くほどの影響を及ぼすこともあるのだと強く思うようになりました。私はすばらしい人たちに囲まれて、それまで30年近くも自分の才能を探ってきました。「強み」診断テストもたくさん受けました。でも執筆業に携わるなんて、考えたこともなかったのです。そんなときに、1人の人間から、時間と労力を投資するだけの価値がある「才能」を見つけたと言われ、その洞察は、私の毎日の時間をどう使うかという判断に、今も影響を与え続けています。この経験を振り返るたびに、「人の才能に気づいて、それを伸ばせる」のは究極の「強み」だという思いを強めています。

適切な「ほめ言葉」で認めてあげることも、人の成長を手助けするいい方法の1つです。「上出来！」「よくやった」とほめるのはいいことですが、その言葉だけではあまり役に立ちません。それが誠意に欠ける言い方だったら、なおさらです。実際、心のこもっていないほめ言葉は、批判的な言葉よりも、さらに悪い影響を及ぼすことがあります。

人に意欲をもたらす言葉は、心がこもっていることも大事ですが、できるだけ具体的な言葉にすることも大事なようです。2014年に発表された研究論文が、6つの実験を通じて、人をやる気にさせるには、具体的な言葉が欠かせないことを明らかにしています。研究者チームは実験の1つで、参加者たちにこう呼びかけました。「骨髄移植が必要な患者たちに、さらに大きな希望を与えてください」。この呼びかけは、骨髄を提供してもらうためのものでした。しかし、こうした言い方よりも、次の呼びかけのほうが、参加者をその気にさせることができました。「骨髄移植の必要な患者たちがドナーを見つけるチャンスを増やしてください」。別の実験では、「環境を救いましょう」という呼びかけよりも「もっとリサイクルをしましょう」のほうが効き目がありました。

あなたが具体的な言い方をしたら、短時間のやりとりだったとしても、その言葉は影響力を持ちます。だれかが「自分の一番得意なもの」に気づく手助けをしたら、あなたは、その人が時とともに「蓄積的な強み」を備えるのを手助けすることになります。あなたの言葉が、その人の将来の健康や幸福に役立つことにもなります。ただし、実際に役立つのを見ることはできないかもしれません……。

Part 3

エネルギー

energy

調査では、

「昨日、エネルギーにあふれていた」

と答えた人は、全体の11%でした。

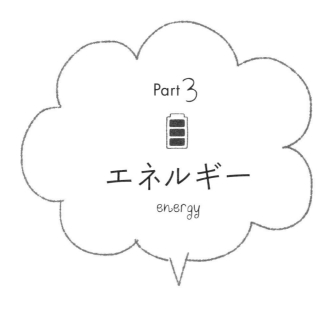

第16章

「自分の健康」を第一に考える

人の面倒を一番よく見ている人たちは、自分の健康状態が悪いことでも一番になる傾向があります。私はここ数年、健康と幸福に注目してきましたが、その間に、この傾向を何度も観察しました。前著の『座らない！——成果を出し続ける人の健康習慣』（新潮社刊）以降、健康問題や日常的なエネルギー不足に悩む何千人もの方々から連絡をいただいたことも、そうした観察に役立ちました。ちなみに、次からの3つの章では、この前著からの引用がたびたび登場します。

意外なことに、私が最も尊敬する職業についている方たち、例えば看護師さんたちが、健康状態が最も悪いようです。調査でも、看護師の55％が「太り過ぎ」、あるいは「肥満」という結果が出ています。もっと健康になって、良い手本を示す必要がある集団がいるとしたら、それは医療現場で働く人たちです。私は教育者や経営者など、いろんな職業の方の話に耳を傾けるうちに、使命感がとても強い人たちの一部は、常に自分のニーズよりほかの人たちのニーズを優先していることに気づきました。

人のニーズを優先するのは称賛に値しますし、この本でたびたび主張してきたことでもありますが、自分のニーズを顧みないのは、大変な間違いです。たとえあなたが、世界一自己中心じゃない人間になって、人に役立つことだけをやろうと決心しても、エネルギーが足りなければうまくいきません。私はホスピスで働く看護師さんたちと話をしました。彼女たちはいつも終末期の患者たちのニーズと家族のニーズを優先して、自分の健康やエネルギーについては全く頭になさそうでした。私は彼女たちにたずねました。「死が迫っている患者さんに最高のケアを行うには、なにが必要ですか？」ようやく彼女たちは、自分の健康とエネルギーにもっと時間を割いたら、はるかに質の高いケアが可能になることに気づきました。

ヨーロッパの3万人以上の看護師を対象とした調査では、長時間勤務（12時間以上）の看護師が患者へのケアの質が悪いと自己評価した確率は、8時間勤務の看護師に比べて、32％も高いものでした。患者の安全を守れない、あるいは確保できないと報告した確率も、41％高かったそうです。あなたの長時間労働は、多くの場合、あなたが役に立とうとしている人々にとっては、かえって**あだとなる**ようです。

私は、そうした事態が世界各地の会社で起きているのを見てきました。社員たち、とくに部署やプロジェクトのリーダーたちには、「だれよりも早く出社しなくては」とか、「だれよりも遅くまで仕事しなくては」「睡眠は短時間で大丈夫と言わなくては」といった暗黙のプレッシャーがかかっています。ですが、会社が最も望まないのは、すばらしく仕事のできる社員たちが、持続不可能な日課のせいで燃え尽きることなのです。私のチームの調査で、1日のエネルギーレベルがとても高かった社員たちがその日の仕事に完全にエンゲージした確率は、他の社員の**3倍**以上にのぼることもわかりました。

あなたが、今日だけでなくこれから何年にもわたって、人の役に立ちたいなら、**自分の健康とエネルギーをなによりも優先**してください。もしあなたが夜遅くまで働いて疲れ切っていたり、自動販売機の食べものを常食としていたり、日々の運動に時間を取っていなかったりするなら、この先、友人や家族、仕事仲間、患者や顧客たちの役に立ち続けることはできません。幸い、「エネルギーの改善」に難しい大計画は必要ありません。それは、あなたが行う次の「選択」から始まるのです。

■■■■■短期的に考えることで、健康改善を目指す

この本の冒頭でお伝えした通り、私は20年以上にわたっていろんなガンと闘い、長生きできる

可能性を高めようと努めてきました。自分の経験を通じてわかったのは、長期的な死のリスクさえも、日々の判断の改善には大して影響しないということです。私が毎日運動したら、長期的にはガンを数年防げることになります。でも、それがわかっているのに、実行する気にはなれません。ファストフードばかり食べていたら、心臓病の長期的リスクを高めることになりますが、大抵の人は、それを食べる前にそのことを思い出すことはありません。

健康なライフスタイルを築くための情報は、どんなに大量にあっても、日々の行動の改善につながらない限り、ほとんど役に立ちません。私がここ10年ほどは、多大な時間を費やして、大量の情報の中から、健康やエネルギーの改善に実際に役立つものを選び出してきたのも、それが理由です。多岐にわたる研究論文に目を通し、「日々の判断の改善」と「短期的な成果」や「インセンティブ」との関連性を示した論文を探しました。私は医師でもなければ、そうした分野の専門家でもないですが、患者や研究者としての経験があったので、健康的な選択をするためのとても実用的なアイデアをいくつか見つけることができました。

今では、私の1日のエネルギーレベルを高めるためによりよい判断をしようと心がけています。かつて、長期的な健康改善法に頼っていたころよりも、はるかにエネルギッシュに行動できるようになりました。大事な仕事がある日には、朝のうちにいつくかの活動をこなすことにしています。そうすると気分がよくなりますし、頭も冴えてくるのです。昼食を決めるときには、それがその日の夕方までエネルギーを維持するのに役立つかどうかを判断基準にしています。一日中よく動いて、よく食べれば、その晩はよく眠れることになります。そしてよく眠れれば、次の日に良いスタートが切れることになります。

そんなふうに「いい選択」が重なって、すべてがいい方向に回ることもありますが、「悪い選択」をしたときも、驚くほどあっという間に悪い方向に向かいます。私が朝食に甘いものや、炒め物、揚げ物ばかり食べた日は、残りの1日でいい方向に戻るのがほぼ不可能になります。飛行機の中や会議の席で何時間も座りっぱなしだった日は、「動く」ことがないので、精神的にも身体的にも疲れ切ります。一晩寝不足だっただけで、気分はさえなくなり、仕事の能率も悪くなります。

「食べる」「動く」「眠る」の3つのうち、どれか1つがうまくいかないときには、ほかの2つもうまくいきません。例えば、睡眠不足のときには、運動をサボることになり、食べものの選択も下手になります。でもどれか1つをうまくやるだけで、ほかの2つもいい方向への好循環スパイラルに入ります。実験の結果も、健康改善には、いくつかの問題点に同時に取り組んだほうが効果があることを示しています。

あなたの「食べる」「動く」「眠る」の3つが、毎日どう影響し合っているか、考えてみてください。この3つをうまくやれば、1日のエネルギーを増やせます。あなたが最高のコンディションで臨む必要があるときには、それが仕事のためであれ、家族や友人のためであれ、まずは確実にエネルギーをフル充電することから始めましょう。

第17章 「食べる」ことで、1日をよりよいものに変える

あなたが口にする食べ物は、1日のエネルギーレベルに直接影響します。ですが、なにを食べて、なにを避けたらいいいかを判断するのはけっこう大変です。私を含めて、多くの人が、口にした食べ物の総カロリーを計算するという、わかりやすい手段に頼ってきました。でも残念ながら、カロリーは食べ物の質を示すものではありません。

ハーバード大学の研究者チームが、10万人以上の人々の20年にわたる記録を分析し、食べる物の「質」が、食べる「量」以上に大事なことを明らかにしました。あなたが口にする食べ物の種類が、食べた物の総カロリーよりも、健康に大きく影響することがわかったのです。300カロリー分のホウレンソウを食べるのと、300カロリーのシュガークッキーを食べるのでは、わけがちがうということです。ところが、私が話を聞いた人のほとんどが、一昔前の「量を控えれば、なにを食べてもいい」という俗説をいまだに信じていました。研究者の1人ダリッシュ・モザッファリアンは、それは「食べたい物を食べるための口実にすぎない」と記しています。

うまく「食べる」には、カロリーを考えるより、体にいい食べ物を食べることから始めたほうがはるかに簡単です。流行りのダイエット法に次々に飛びつくより、「体にいい食べ方」をしたほうが、持続可能な食生活を築けます。

その基本になることをいくつか紹介しておきましょう。揚げ物を避ける。精製された白い炭水化物はできるだけ控える。砂糖を加えるのをできる限りやめる。野菜中心の食事に切り替える。お菓子の代わりに、丸ごとのフルーツを食べる。炭酸飲料や砂糖入り飲料の代わりに、水やお茶、コーヒーを飲む。

今では、なにを食べるのが良くて、なにがいけないかについて、相反するアドバイスがたくさん出回っています。でもドーナツをもっと食べて、リンゴは控えようなどと主張する人はだれもいません。「体にいい食べ方」を複雑なものにする必要はないと思います。

体にいい食べ物を中心とした食生活は、持続可能なだけではなく、楽しめます。まずは、1日のいいエネルギー源になる物を食べることから始めてみましょう。それなら、流行りのダイエット法を試したり、むちゃなことをするよりずっと簡単です。

ひとつ言っておきたいのですが、健康やエネルギー改善に向けて、体にいい物を食べるのは、1カ月で5kg痩せるといったことを目指すのとは、わけがちがいます。「食べ方」を変えても、それに応じて体が変化するには、時間がかかります。普通は1年かそれ以上かかります。1日のエネルギーレベルを高めるためにいい「食べ方」を選択していると思えば、なかなか体型が変わらなくてイライラするようなことはないでしょう。

ひと口ひと口を計算に入れる

あなたは、食べ物を口にするたびに、小さいながらも重要な「選択」をしています。飲み物を口にするときも同じです。ハンバーガーよりサラダを選ぶといった、マイナスよりプラスのほうが大きい選択をしたときには、差し引きプラスのエネルギーをあなたの体に充電することになります。水の代わりに甘いソーダを飲んだら、差し引きでマイナスになってエネルギーを失うことになります。

例えば、栄養価は高いけれども砂糖が多すぎるというように、大部分の食べ物には、いい成分と悪い成分が含まれています。たぶんあなたも、1日に何回かは理想的とは言えない食べ物を口にしているのではないでしょうか。それでも、頭の中でちょっと差引勘定をしてみてください。目の前の食べ物、あるいは料理の成分についてのあなたの知識を総動員して、それを食べたらプラスになるのかマイナスになるのか考えるのです。それを続けるうちに、その都度判断するのがうまくなります。

大抵の人は、たんぱく質に比べると、精製（加工）された炭水化物を必要以上に口にしています。いくつかの大規模な調査で、炭水化物を減らしてたんぱく質を少し増やせば、健康を改善できることがわかっています。「炭水化物」と「たんぱく質」の比率は、売られている食品のパッケージや外食料理のメニューの「栄養成分表示」を見て、割り出すことができます。

私は何年か前から、それをやっていますが、スーパーの商品やメニューを判断するときにとても便利です。私がお気に入りのおやつとしてカバンに入れているミックスナッツや、昼食に食べるパラック・パニール（ほうれん草とチーズのインドカレー）は、炭水化物とたんぱく質がおよそ「1対1」。炭水化物の割合が「5対1」より大きい食べ物は、最小限にとどめるようにしています。ちなみに、スナック菓子や朝食用シリアルのほとんどが「10対1」です。

ミズーリ大学研究者チームの2014年の調査で、朝食にたんぱく質を食べると、衝動を抑制する脳内物資ドーパミンの分泌量が増えて、その後の甘い物やおいしい物への食欲を抑えられることがわかりました。でも、あなたが朝食抜きにした場合は、それが原因で体内に蓄積される脂肪が増え、やがてはウエストが太くなるそうです。冴えた頭とスリムな体を保つには、朝のうちにいい食べ物を食べる必要があるようです。

糖分たっぷりのシリアルやシリアルバーは、すばやくエネルギーを増加させますが、その効果は長くは続きません。反対に、朝食にグリセミック指数（食後の血糖値の上昇度を示す指標、GI値）の低い物を食べることで、血糖値の急上昇と急降下を防ぎ、それを防ぐことで午後と夜もいい選択をすることができます。昔ながらの朝食用シリアルの代わりに、卵白、いちごなどのベリー類、赤身の肉、サーモン、ナッツ類、野菜ベースのジュース、その他の糖分を加えていない食べ物にしてはいかがでしょう。

1日を通じて「炭水化物」と「たんぱく質」の比率をバランスよく保てば、エネルギーが増加し、やがては健康改善につながります。パッケージやメニューの栄養成分表示でチェックしたほうがいいものがもうひとつあります。それは「糖質」のグラム数です。この数字については、ゼロに近ければ近いほどいいです。糖質が多いほうがいい食品なんて、絶対にありません。糖質は、糖尿病や肥満、心臓病、ガンの原因となる「毒」なのです。砂糖の代わりとなる各種甘味料もそれほどいいものではありません。そうしたもので代用しても、甘い物がますます食べたくなるだけなのです。

食習慣を作り変える

食習慣はほとんどの場合、最も抵抗の少ない道をたどります。これは悪いことのように聞こえるかもしれませんが、いい面もあります。スーパーに行く前に、健康的な食べ物の買い物リストを作るようにすれば、衝動買いのリスクを減らせます。それから、あなたもたぶん聞いたことがあるでしょうが、食べ物を買いに行くのは、お腹がすいているときよりも、お腹いっぱいのときのほうがいいです。

私が近所のスーパーに行くと、ほとんどの時間を青果売り場と魚売り場で過ごします。体に悪い食べ物や加工された食品が並んでいる通路に入るのをやめておけば、そうした物が私のカゴに入ることはないと思うからです。私もようやく学んだのです。いったんカゴに入れたら、必ず家に持ち込むことになり、いったん家に持ち込んだら、必ず私の胃に収まることになるのだと。

目につくところにある食べ物は、食べてしまう可能性もかなり高いです。キッチンや食料棚の食料品は、一番いい選択肢となる物を一番見えやすく、一番取り出しやすいところに置きましょう。そうすれば、悪い選択肢を隠すことにもなります。もっといいのは、食料棚を整理して、食べたくなりそうな「栄養価の低い食べ物」を全部取り除いてしまうことです。

果物や野菜、その他の体にいい選択肢は、冷蔵庫の目の高さに置くか、テーブルやカウンターに出しておきましょう。お腹がすいていないときでも、そうしたものが見えているだけで、次のおやつのイメージを脳に植えつけることになります。それから、家を出るときには、ナッツや果物、野菜などを一袋、持って行くようにしてはいかがでしょう。そうすれば、午後の遅い時間になにか食べたくなって、いい選択肢が手に入らなくても、大丈夫です。**前もって**用意した選択肢がたくさんあるほど、少ない意志の力で、急な誘惑を追い払えることになります。

気分を高める食べ物を見つける

ジェレミー・ライトは38歳。体重計に乗って、ギョッとしました。100kgを超えていたのです。これはヤバいと思って医者に診てもらったら、さらにギョッとすることに。空腹時血糖値が134もあり、糖尿病の危険域にあることがわかったのです。

ライトはその日から、ライフスタイルの小さな改善を重ね、1年が経ちました。今では、なにを決めるときにも、決める前に「それは健康にいいのか、悪いのか？」と考えています。週に5日、スポーツジムにも行っています。そのために、1時間早く職場をあとにすることになりますが、それでも通い続けています。在宅勤務のときには、立って仕事をしています。炭水化物や糖質の多い食事は減らしました。間食は、ナッツ類と水にしています。

ライトは、「こういうことを始めたら、たちまち気分がよくなりました」と語っています。100kgを超えていた体重は、今では86kgに減りました。100cmだったウエストも今では86cm。シャツのサイズは「XL」から「L」に、血糖値も正常な値になりました。彼にとって特にありがたかったのは、エネルギーが増えたことです。労働時間は減っているのに、仕事量は増えているのです。

私たちが口にする食べ物は、エネルギーレベルだけでなく、私たちの気分にも影響を及ぼすようです。食べ物と「心の健康」の関連性を調べたいくつもの調査で、食べ物にはいい充電になる物と、悪影響を及ぼす物があることが明らかになっています。例えば、脂肪の多い食べ物を食べ過ぎると、無気力になったり、気分が落ち込んだりするそうです。2014年の調査によれば、加工度の高い、甘い食べ物も、怠け心につながるようです。

また、トランス脂肪酸の摂取が多い人ほど、攻撃的で怒りっぽいという実験結果もあります。

実験を行った研究者はこの結果を重く受け止め、学校や刑務所のような場所で不健康な食事を提供したら、生徒や受刑者たちにとって危険なことになりかねないとして、提供する食事を見直したほうがいいと主張しています。幸福感をもたらすとされている「コンフォート・フード（安らぎを与える食事）」も、焼いてある食べ物などは、実際には「幸福感」をもたらすどころか、気分を落ち込ませるそうです。

ですが、体にいい食べ物を選択していれば、あなたの1日の健康と幸福感を改善できます。いくつもの実験が、果物や野菜をいつもより多く食べたときには、いつもより安らぎや幸福感を覚え、エネルギーも増えることを示しています。あなたが口にする物を決めるたびに、どんな1日になるか、周囲の人たちとどんなやりとりができるかを、決めていることになるのです。

第18章 走るより、たくさん歩く

エネルギッシュな状態を保つ秘訣は、**1日を通して**、活動的に過ごすことです。1日のなかで30分か60分ぐらい運動しても、それ以外の時間にずっと座っていたら、帳消しになってしまいます。元気いっぱいな状態を保つには、1時間おきに歩き回り、運動する必要があります。

調査では、1日の睡眠時間より、座っている時間（9・3時間）のほうが多い人が私たちの半数以上にのぼりました。でも人間の体は、「座ってばかりの生活」を送るようには作られていませんから、それが多くの問題につながっています。毎日食事に気をつけ、運動をしていても、何時間も座ることで帳消しになってしまいます。２０１４年の調査によれば、20分の運動は、２時間座ることで帳消しになるそうです。

アメリカの国立衛生研究所が、20万人以上の成人（50～70歳）の10年間の記録を分析したところ、中～強度の運動を週に7時間行っても、座り過ぎの弊害を防ぐには足りないことがわかりました。記録のなかで一番運動量が多かったグループ——週に7時間以上の運動をしている人たち

――のなかでも、1日の座っている時間が一番長かった人たちは、ほかの人たちに比べて、死亡率は1・5倍、心臓病での死亡率は2倍にのぼったのです。

■■■■■座ることによるエネルギーの消耗を防ぐ

「座りっぱなし」が健康へのリスクになるなんて、大部分の人は考えていないでしょう。ですが、時とともに目に見えない形で、健康をむしばみます。世界的に見ても、今やタバコよりも、運動不足のほうが人々の寿命を縮めています。メイヨー・クリニックの最近の調査によれば、平均的なアメリカ人は、眠ることと座ることに1日に15時間も費やしています。肥満の人が強度の運動に費やす時間は、男女ともに1日1分未満という調査結果もあります。

あなたが座ったまま過ごしている時間は、1日でどのくらいになりますか？　ほとんどの人の1日は、こんな感じでしょうか。朝は、座って朝食をとり、ニュースを見る。その後、通勤の間にさらに座っている時間が増える。職場に到着してからは、8～10時間をデスクチェアで過ごす。帰宅してからは、座って夕食をとり、それから1～2時間テレビを見て、ベッドに入る……。

あなたもこれだけ長い時間を座って過ごしているなら、毎日の日課のなかに、もう少し運動を採り入れましょう。「座りっぱなし」の悪影響ほど、目に見えにくいものはありませんが、今ではそれに「座り病（sitting disease）」と名がつくほど、健康に悪影響を及ぼします。

あなたが座ると、足の筋肉の電気的活動がすぐに停止します。カロリーの燃焼速度は、毎分1キロカロリーにまで下がり、脂肪の分解を助ける酵素は、90％減少します。2時間座ったままでいると、善玉コレステロールが20％減少します。

とはいえ、多くの人は、何時間も座ることをほとんど避けることができません。ですから、1日のなかにできるだけ多くの「動き」を取り入れることが大事になってきます。1時間に2回ほど、伸びをしたり、立ち上がったりするといったちょっとしたことでも効果はあります。

歩いたら、エネルギーレベルは１５０％ほど上昇します。階段を使えば、歩いているときの2倍のカロリーを燃焼します。少しばかり長く歩くことを、そんな時間はないと考えずに、1日の運動を少しばかり増やすチャンスと考えましょう。

あなたの周囲を見回して、座りっぱなしの時間を減らせないか考えてみましょう。人は「便利さ」を中心にして周囲を整えていますから、今や、あなたに必要なものの多くが手の届くところにあるのではないでしょうか。そうなると、動き回ることも周囲の人たちとのやりとりもなく、長いこと座っていることになります。あなたの家やオフィスのいろいろなものを、「便利さ」よりも「動き」を促す置き方に変えてみましょう。

1日のなかに少しずつ運動を取り入れるのは、体だけでなく、頭脳にもいい影響をもたらします。頭脳労働の合間に定期的に「動き」を入れることで、創造力も生産性も高まることがわかっています。もっと動くようにするだけで、頭の働きがよくなるのです。近年発表された数多くの論文が、合間に短時間の「動き」を入れることで、脳の働きを高め、学習能力や集中力を改善できることを証明しています。

■■■■■ 歩数計で運動量を増やす

運動量を増やすには、あなたが毎日どのくらい動いているかを測定するのも効果的です。世の中では健康管理用のウェアラブルデバイスが花盛りですが、安価な歩数計（万歩計）でも、健康を管理できます。研究者たちが実験の一環として、参加者たちに歩数計をつけるグループとつけないグループを作って比較したところ、歩数計をつけたグループのほうが、1日につき1マイル（約1・6㎞）多く歩きました。さらに、歩数計をつけたグループは、測定したことの副産物として、肥満度指数や血圧などの数値にも改善がみられたそうです。

私は2009年に、Fitbit（フィットビット）のクリップ式の装置で1日の活動量を測り始めました。自分はかなり活動的なほうだと思っていたのに、最初のころは、おおかた5000歩程度でした。そのころは、座りっぱなしの悪影響については知りませんでしたが、1年後には、1日平均8000歩になっていました。今では、車での移動や飛行機に乗っている時間が多い日でも、1万歩を超えてから寝ようと決めています。

最高を記録するのは、いつも、ランニングマシンの上に手製のワーキングデスクを乗せて仕事をした日で、3万歩ぐらいになります。その数だと、歩く時間をかなり無理して割いたように聞こえるかもしれませんが、大部分は、いつもよりはるかに多くの仕事をこなします。それだけ歩けば、エネルギーレベルが高まるからです。私は毎晩寝る前に、その日の歩数と歩行距離をチェックしています。その数字が、その日がいい1日だったか、それとも不活発でストレスの多い日だったかを判断する一番の尺度になるのです。

私の調査では、目指すなら「1日1万歩」がいいようです。距離にすると、およそ5マイル（約8㎞）。大変な数字に聞こえるかもしれませんが、いったん1日のすべての動きを測定し始めたら、それほどでもありません。1日5500歩未満になると、座っていることが多い層に入ることになるようです。1日5500歩未満から、良いとされている1万歩まで増やせたら、短期的な健康だけでなく、長期的な健康も大幅に改善できることがわかっています。

20分の運動で、12時間を元気に過ごす

あなたもすでにお気づきかもしれませんが、活動的に過ごせば、1日の幸福感を高めることにもなります。実験で、その効果は私が考えていた以上に長持ちすることが判明しました。研究者たちが、20分の中程度の運動をするグループと運動しないグループを作って比較したところ、運動したグループのほうは、運動後すぐに爽快な気分になりました。研究者たちが驚いたことに、そうした「いい気分」はその日いっぱい続きました。2時間後も、4時間後、8時間後、12時間後も、運動したグループのほうが、しないグループよりも気分がよかったそうです。

夜に運動するのは、全く運動しないよりはいいですが、1日の遅い時間帯に運動したら、たぶん眠いでしょうし、気分がよくなるという恩恵を逃すことになります。朝、運動しとけば、12時間分の効果を無駄にしないで済みます。1日の早い時間帯に運動することで、カロリーの燃焼速度を一日中速く保てるという効果もあるようです。

朝から運動したら、朝からエネルギーを使い果たすことになると思っている方もいらっしゃるかもしれません。確かに、最初の何日かはそうなることもありますが、朝、運動したら、結局は、一日中エネルギッシュに過ごせることになります。たとえ短時間の運動であっても、その後の創造力や生産性を大幅に高めることができます。

あなたが動いているだけで、頭の働きもよくなるようです。イリノイ大学の神経科学者ジャスティン・ローデスは、こう説明しています。「実験によると、私たちが動いているときには、体のいたるところの血圧と血流が増加し、脳のなかでも同じことが起きています。血圧と血流が増加するということは、エネルギーと酸素が増加するということで、エネルギーと酸素が増加すれば、頭の働きがよくなります」。しかも、頭の働きをよくするのに、へとへとになるような運動をする必要はなく、歩くだけで十分なのだそうです。

いつもやっていることに簡単な変更を加えることでも、1日の運動量を増やすことができます。歩きながらミーティングしたり、立ったままミーティングすることで、集中力やエネルギーを保つことができます。ヘッドセットを使えば、電話中でも動き回ることができます。もっといいのは、立ったまま、あるいは歩きながらパソコンを使える手段を見つけることです。大事なのは、1日の運動量を増やすことを今日から始めることです。

第19章 もっと眠れば、もっと成果が上がる

私が育ったアメリカ中西部の町は、人々が働き者ばかりでした。そんな環境で子ども時代を過ごすうちに、たくさん眠りたがるのは意志が弱い証拠だと思うようになりました。周囲の大人たちが、少ない睡眠時間で働いていることをいつも自慢していたのです。彼らは、人が好くて労働意欲が高かったのだと、今では思っていますが、そんな大人たちに囲まれていたせいで、私は、睡眠時間は真っ先に削っていいと思い込んでいました。

しかし10年ほど前から、1時間睡眠を削っても、1時間余分に仕事ができるわけでも、楽しめるわけでもないと思うようになりました。むしろ、逆効果なのです。1時間睡眠を削ったら、幸福感や生産性、健康状態、思考力の低下につながります。ところが人々が「睡眠」を真っ先に犠牲にするという状況は今も続いています。私も長年にわたって、その落とし穴に陥っていましたが、ようやく、私の思い込みが数多くの調査結果に反することに気づきました。

私は、K・アンダース・エリクソンのエリートたちのパフォーマンスについての論文を読んで、

パフォーマンスを大きく左右する要因を、多くの人が見過ごしていることに気づきました。トップレベルのパフォーマンスには1万時間の意図を持った練習が必要だという研究成果ばかりが注目を集めましたが、トップレベルのパフォーマンスに必要なもうひとつの要因は「睡眠」だったのです。エリクソンが調査したエリートたちは、平均すると1日に8時間36分の睡眠をとっていました。一方、平均的なアメリカ人の平日の睡眠時間は、6時間51分です。

エリクソンが調査したエリートたちは、一流の音楽家やスポーツ選手、俳優、チェスプレイヤーたちでしたが、調査で、休憩を何度も入れたほうが成果が上がることもわかりました。前のほうの章で、生産性の高い従業員たちの例を紹介しましたが、トップクラスのエリートたちも休憩を入れながら、集中して仕事をしていたのです。エリートたちは疲れ果てるのを防ぎ、元気を取り戻すために何度も休憩を入れていました。そうすることで、彼らは常にスキルを上達させ、完成の域まで高めることができたのです。

休憩を入れずに仕事を続けたら、あなたのパフォーマンスは低下することになります。低下を防ぐには、十分な睡眠を取り、何度も休憩を入れながら、集中して仕事をこなすことです。あなたが今度、1時間余分にエネルギーが必要なときには、1時間余分に眠りましょう。

睡眠不足は酔っぱらっているのと同じ

睡眠時間が少ないほど、仕事がはかどらなくなります。ハーバード・メディカルスクールの調査で、睡眠不足は、生産性低下の面だけでも、アメリカ経済に630億ドル（約7・7兆円）もの損失をもたらしていることがわかりました。研究者の1人はこう記しています。「アメリカ人は慢性的な睡眠不足だからといって仕事を休むことはありません。ですが、仕事に出ても、疲れているので、仕事は大してはかどりません。情報化社会においては、生産性を高めるような健康状態を維持するのが難しくなっています」

十分に睡眠を取らずに仕事をしているときには、あなたは別人のようになる――そんな調査データもあります。睡眠が90分不足すると、日中の注意力がいつもより33％低下するそうです。それほど注意力が低下したまま、いつもの仕事に取り組むと、深刻なダメージをもたらすことになります。

それについては、逆の立場になってみると、わかりやすいです。明日、私の飛行機を操縦したり、子どもたちを教えたり、私の会社を率いるのは、今晩ぐっすり眠る方々であってほしい、と私は思います。ところが、そうした重要な役割を担っている人たちは、「自分は少なめの睡眠で大丈夫」と思っている人が多いそうです。労働者の3分の1は、6時間以下の睡眠しか取っていないという調査結果もあります。そうした睡眠不足は、場合によっては、生産性の低下にとどまらない、悪い結果につながります。

睡眠不足での運転は、飲酒運転と同じくらい危険です。大規模な調査を行った研究者は、4時間の睡眠不足で、ビール6缶分と同程度の脳機能障害が起こると述べています。徹夜の状態は、血中アルコール濃度が0・19%に達した状態と同じだそうです。このパーセンテージは、運転中の飲酒の各州の法定限度のなかで一番高いものの2倍です（アメリカでは州ごとに限度を定めており、平均は0・8%程度。ただし日本では、0・3%となっている）。今では医師やパイロットは仕事に入る前に一定期間の休息を取ることが義務づけられていますが、それには、相応の理由があるのです。自動車や列車、飛行機の大きな事故を調べてみると、睡眠不足が不慮の死につながる共通の要因になっていることがわかります。

睡眠には風邪を予防する効果がある

よく眠ることには、風邪の予防になるというさらに現実的な効果もあるようです。こんな実験が行われました。参加したのは、一定の期間隔離され、ライノウイルス（鼻かぜウイルス）入りの点鼻薬を投与されることに同意した男女です。研究者たちは、点鼻薬の投与前に、2週間にわたって参加者たちの睡眠の質をチェックしました。投与後は、5日間にわたって参加者たちを観察し、風邪を発症したかどうかチェックしました。

その結果、投与前の平均睡眠時間が7時間未満だった参加者たちは、風邪の発生率が**3倍**近くにのぼることがわかりました。この実験で、風邪の発生を左右する一番の要因は、ベッドに入っている時間の長さではないことも明らかになりました。あなたもたぶん経験していると思いますが、ベッドで8時間ゴロゴロしていても、よく眠ったのは6時間だけになることもあります。

そのため、研究者たちは参加者たちの「睡眠効率」を計算して、睡眠の質も評価しました。睡眠効率は、参加者たちに、ベッドに入った時刻と起きた時刻、眠りにつくまでに要した時間、途中で目が覚めた回数、目が覚めていた時間などを申告してもらい、そうした数値にもとづいて計算しました。睡眠効率は、睡眠時間よりも、風邪を発症するのはどの参加者かを予測する強力な指標になったそうです。

投与前の14日間の睡眠効率が低かった参加者たちは、**風邪の発生率が5・2倍**にのぼりました。この数字は、睡眠時間だけにもとづいた「3倍」という数字に勝るとも劣りません。「食べる」ことや「動く」ことと同様に、「眠る」ことでも、「量」より「質」のほうがはるかに大事なのです。私たちは自分の体の内部で起きていることを見ることはできませんが、一晩ぐっすり眠ることが、私たちの短期的健康に直接影響するのはまちがいありません。

睡眠の敵は「光」「熱」「騒音」

毎晩、7~8時間ぐっすり眠るのは、口で言うほど簡単ではないですが、いくつか手を打っておくことで、あなたの快眠の可能性を高めることができます。そしてそれに一番影響するのが、寝る前の時間帯のあなたの行動かもしれません。

アメリカ人の90％が、寝る前に電子通信機器を使っています。ですが、そうした「刺激」になるものを寝る前の時間に持ち込んだら、目がさえて眠れなくなるだけなのです。２０１４年の調査によれば、夜遅くにスマートフォンを使うと、翌日の仕事にも悪影響が出ます。その調査で、夜遅くにスマートフォンを使うことで、寝つきが悪くなるばかりか、職場での疲労感やエンゲージメントレベルの低下につながることがわかったのです。

私たちの目が電子機器からの光（ブルーライト）を認識しただけでも、眠気を導く脳内ホルモン「メラトニン」の生成が20％低下し、睡眠の質に直接悪影響を及ぼします。それを防ぐには、就寝前の時間帯には、すべての電子機器を一時停止させることです。その他の照明にも用心しましょう。日中の自然光は、よりよい眠りにつながることもあり、生産性向上にも役立ちますが、夜は明かりを暗くしたほうがよく眠れます。

寝室の温度を変えることで、よく眠れる環境を作ることができます。寝室の温度は、日中に慣れている温度よりも2～3度低いほうが眠りやすくなります。温度を下げることで、あなたの体内時計が、真夜中にあなたを起こしてしまうのを防ぐことができるのです。

騒音についても同じ原則が当てはまります。あなたが雑音に眠りを妨げられることが多いなら、「ホワイトノイズ（あらゆる周波数を含んだ雑音のこと。他の音を薄める効果がある。睡眠や集中力のアップ、リラックスなどに役立つと言われている）」を流してくれるアプリや、騒音を消す装置を使ってみてはいかがでしょう。ぐっすり眠るためには、障害をできるだけ取り除くことを日課にする必要があります。

7～8時間の質の高い睡眠をとることを他の活動よりも優先させましょう。そうすれば、十分な運動をし、仕事がもっとはかどり、あなたの大切な人たちにもっとうまく接する可能性が高まります。忘れないでください。睡眠時間を1時間増やしても、あなたはなにも失いはしません。それどころか、睡眠の1時間1時間が、明日のためのいい充電になるのです。

第20章 「食べる、動く、眠る」で、ストレスによるダメージを防ぐ

「食べる、動く、眠る」の多くのメリットのなかで、最も注目に値するのは「ストレスを和らげる効果」でしょう。「ストレス」は、少しずつ蓄積し、細胞レベルでの老化に関与することが知られています。私たちの細胞の中の染色体は、両端に「テロメア」と呼ばれる保護キャップのようなものがついていて、大切な遺伝子情報を保護しています。このテロメアが、私たちの細胞をさまざまなストレスから守っています。私たちは細胞分裂によって新しい細胞を作り、生命を維持していますが、細胞が分裂するたびにテロメアが短くなっていきます。テロメアが短くなって、その構造の完全性が弱まると、細胞は老化し、死滅します。

テロメアは私たちが年を取るにつれて短くなりますが、ストレスを受けることでも、短縮を加速させることがわかっています。しかしカリフォルニア大学サンフランシスコ校の研究者たちは、ストレス下にあっても、テロメアの短縮を驚くほど遅らせることが可能なことに気づきました。研究者たちは、実験開始時とその1年後に、女性239人にテロメアを測定するための血液サン

プルを提供してもらい、その1年間の大きなストレスとなった出来事（死別、介護、失職など）を報告してもらうという、注目すべき実験を行いました。研究者たちは、女性たちがその1年間、どのように「食べる、動く、眠る」を行っていたかも調査しました。

その結果、1年間でストレスを多く受けた女性たちのほうが、テロメアの短縮が進んでいたことがわかりました。この結果は、これだけでも注目に値するものでした。というのも、ストレスがわずか1年で実質的な老化を早めることを示したのは、これが初めてだったからです。ところが、研究者たちが、「食べる、動く、眠る」の面で健康的なライフスタイルを続けていた女性たちについて調べたら、ストレスを受けていても、テロメアの余分な短縮は見られませんでした。研究者の1人イーライ・ピューターマンはこう述べています。「免疫細胞の老化を遅らせるには、大きなストレスがかかっている時期に『食べる、動く、眠る』を充実させることが、とくに重要になってきます」

ストレスが雪だるま式に増えるのを防ぐ

うちの前の歩道に、重く湿った雪が降っていたら、私は、雪がやむだいぶ前に、雪かきを始めなければなりません。始めるのが遅すぎたら、雪かきするには、積もり過ぎて重くなるのです。底のほうに氷の層ができる恐れもあります。氷の層になったら、砕くのはほとんど不可能です。ストレスの溜まり方もそれと似ています。

ですから、ストレスは最初から溜めないようにするに限ります。いい1日を台無しにする原因のなかで、最も多いのが「ストレス」です。小さなストレスが1つあるだけなら問題ないですし、ときには役に立つことさえあります。でも慢性的なストレスは、時とともに非常に大きなダメージをもたらします。過度のストレスは老化を加速し、心臓病、脳卒中、ガン、早死にのリスクを高めます。こうした悪影響は、ストレスがコルチゾールの分泌量を増やし、体内のあちこちに炎症を引き起こした結果として、生まれるものです。

私は長年、ストレスはときどき1日を台無しにする以外、大したものではないとみなしていました。過度のストレスが数日、あるいは数週間続いても、それが終わってしまえば大丈夫だと思っていたのです。でもそれは考え違いでした。解消できなかったストレスが、毎日、毎週、毎月蓄積していきます。ストレスの多い日々が続いたら、あなたのエネルギーレベルも、健康も、人間関係も悪化します。慢性的なストレスに対処していたら、エネルギーが回復したと感じるのはほとんど不可能です。

あなたの生活のなかで、定期的にストレスが生まれている状況を思い出してください。どうしたら、そうした状況を避けられるか、あるいは、そうした状況が引き起こす日々のストレスを軽減できるか、考えてみましょう。強いストレスのなかに、あなたの健康や幸福を犠牲にしてまで我慢すべきものなんて、めったにありません。

間接的なストレスを回避する

ほとんどの人は、人付き合いの難しさがストレスの根源になっています。もしあなたの上司が大きなプレッシャーを抱えていて、あなたに非現実的な締め切りばかり押し付けているなら、その上司のストレスがあなたのものになります。配偶者や親友がストレスでまいっていたら、そのストレスがあなたとは関係がなかったとしても、たちまちあなたはそれを受け継ぐことになります。

あなたが「ストレス」と聞いて、すぐに連想するのはだれでしょう。それは、友人や家族、仕事仲間といった、あなたの人間関係のネットワークのなかで、ほかの人たちよりちょっと早いペースで走っている人ではないでしょうか。当然ながら、おおらかな性格で、いつものんびりしている人もいれば、一度にたくさんのことを片付けるのが好きで、速いテンポで生活している人もいます。ほかの人なら冷静に受け止めるようなことで、すぐに動揺したり、カッとなったりする人もいます。

私は、続けて仕事したり、さっさとやったりすることが好きなタイプです。私にとってのいい1日は、仕事中は根をつめてたくさんの仕事をこなし、その後は友人たちや家族と過ごして、緊張をほぐす——そんな日です。でも私がハイペース状態になっていると、周囲の人たちはそれをストレス状態だと誤解するのです。だから、私が一日中、あまり忍耐力のない状態のように見え、それがストレスとなって、彼らはまいってしまう……。私はそんなつもりはないのに、私がかもし出す緊張感の悪影響を目の当たりにすることになるのです。

こうしたことに、もしあなたも思い当たるふしがあるなら、あなたの感情や言葉が周囲の人たちに与える影響に配慮しましょう。あなたがたくさんの仕事を抱えているときに、仕事仲間や友人、家族にどう接していますか？　特にのんびりしたタイプの人たちに、知らず知らずのうちにストレスを与えている可能性はありませんか？　あなたのストレスを受け継ぐ可能性のある人たちに囲まれているときには、リラックスするよう心がけましょう。少なくとも、しばらくは、声のボリュームを下げましょう。

一日中、ストレスを受け継ぐ側になったときには、身を守りましょう。自分の精神的ストレスに対処するのに手いっぱいのときに、他人のストレスまで引き受ける必要はありません。

第21章

立ち直る力を発揮する

直面した事態に対する**受けとめ方**次第で、それがストレスになるかどうかが決まります。あなたが直面した事態をストレスと受けとめれば、脳がそれを脅威とみなして、体が反応します。一方それを、やりがいのある「課題」と受けとめたら、体は別の反応を示します。ストレスと受けとめたら、消耗しますが、課題と受けとめたら、エネルギーが増して、いい充電になることもあるのです。

こうした受けとめ方の違いが、長期的な健康にどう影響するかを調べるために、ペンシルベニア大学などの研究者チームが大規模な調査を行いました。チームはまず、8日間にわたって、毎晩参加者たちに24時間の間になにがあったかをたずね、彼らがその日、どんな「いい経験」と「いやな経験」をしたかを調べました。さらに、唾液を提供してもらい、ストレスに反応するホルモン「コルチゾール」の濃度を測定しました。そしてその10年後に、参加者たちの健康をチェックしました。

その結果、参加者のなかで、ストレスに動揺し、くよくよしていた人たちは、10年後に、慢性的な健康問題——痛みや心血管疾患など——を抱えていたことが多かったそうです。研究者の1人はこう語っています。「私たちの調査によれば、あなたの今の健康状態や将来のストレスがどんなものであれ、今のあなたが、直面する事態に対してどんな受けとめ方をしているかで、10年後のあなたの健康状態を予測できます」

ストレスを「違う視点から捉える」ことで、ストレスによるダメージを和らげることができるようです。研究者チームは実験的に、従業員グループに「3段階ストレス管理法」を教えました。第1段階は、ストレスの元になっているものに気づくこと。第2段階は、ストレスの元になっているものの効果や意義を考えてみること（例えば、「私のストレスの元となっているプロジェクトを成功させれば、昇進できる」といったようなこと）。第3段階として、研究者チームは従業員たちにこうたずねました。「どうすれば、そのストレスをモチベーションと生産性を高めるものに変えられるだろうか？」

その結果、従業員たちはストレス度が低下したばかりか、仕事の能率が上がり、健康状態も良くなりました。研究者の1人ショーン・エイカーはこう語っています。「私たちが仕事の意義を忘れたまま仕事をしていると、脳が反抗することになります」。ですが、あなたがなにか大変な仕事に取り組んでいるときでも、なぜそれに取り組んでいるかを思い出したら、あなたの脳はその仕事を、ストレスの元ではなく、「やる気」の元とみなすのです。

私が20年間、人間の行動を研究して一番驚いたのは、**人間には驚くほど「立ち直る力」がある**ことです。理屈ではとても考えられないほどの「立ち直る力」があるのです。離婚や愛する人の死といった、人生最大級の痛手を経験したときでも、おおかたの人は立ち直っています。

時間はかかりますが、大部分の人は、人生最大級のストレスを受けても**完全に**立ち直っているのです。あなたが今度、とても乗り越えられないと思える事態に直面したら、そうした「立ち直る力」のことを思い出してください。あなたは立ち直れるのです。唯一の疑問は、それにどのくらい時間がかかるかですが、それはあなたの「対応のしかた」次第のようです。

対応する前に「間」を置く

私たちは、困難な事態に直面して大きなストレスを感じたら、本能的に、やり返そう、即座に対応しようとします。こうした本能は、私たちの祖先が野生動物に襲われた時には役立ちましたが、今では、私たちの体が実際に攻撃されない限り、大して役立ちません。今ではテクノロジーが発達して即座に対応するのは簡単ですが、即座に対応したら、ストレスをさらに悪化させるだけなのです。私も、即座に対応して後悔したことが何度もあります。特にパソコンのメールでは、即座にぶっきらぼうな返信をすると、結局はストレスが大きくなる事態に陥るだけなのです。

あなたが腹立たしい事態に直面してストレス度が急上昇したときには、頭の中の「思考停止ボタン」を押しましょう。カッとなると、心臓の鼓動が速くなり、呼吸も少し速まります。そんなときには、言葉を発したりパソコンに文字を打ち込む前に、しばらく「間」を置きましょう。

ストレス度が急上昇するのが、メールを読んでいるときなら、間を置いて、しばらく別のことに注意を向けるのも比較的簡単です。でも近くにいる人のせいでストレス度が急上昇したとき、例えばあなたが列に並んでいるときにだれかがあなたの前に割り込んだときなどは、即座に対応するのを全力で阻止する必要があります。即座に対応したら、ますます腹立たしい事態に陥る可能性が高いですし、周囲の人たちに、あなたは自分をコントロールできない人と伝えることにもなります。どんなにストレス度の高い問題に直面しても、間を置いて気持ちを落ち着かせ、そのあとで理性的に話をしましょう。間を置いてから、よく考えたうえで、健全な対応法を決めましょう。

笑って耐える

たとえニセの笑顔であっても、「笑顔を作る」のは、単純なストレスを乗り越えるのに役立つようです。私はこれについて懐疑的でしたが、研究者チームが実験参加者たちの顔の筋肉を操作して、笑顔を作るように仕向けたら、実際に効果があったのです。研究者たちは、参加者たちに「はし」をくわえてもらい、一方の参加者グループには笑顔を、もう一方のグループには、普通の表情を作れるようにトレーニングしました。参加者たちが、頭で考えずに、笑うのに必要な筋肉を使えるようにしたというわけです。

その後、参加者たちに、ストレスをかけることを目的としたマルチタスクに取り組んでもらったところ、はしで笑顔を作ったグループのほうがストレスにうまく対応したことがわかりました。笑顔を作ったグループは、普通の表情を作ったグループに比べて、心拍数が少なく、自己申告したストレス度も低かったのです。この実験結果は、「笑う」というごく基本的な行為が、実際には楽しくなくても、身体的なストレス反応を軽減することを示しています。

研究者チームの1人サラ・プレスマンはこう語っています。「あなたが今度、渋滞に巻き込まれたり、ストレスを感じたりしたら、しばらく笑顔を作ってみてはいかがでしょう。そうすれば、『笑って耐える』という精神的な効果もありますし、あなたの心臓の健康にも役立つかもしれません」

74人のうつ病患者を対象に、「笑顔」の効果を調べた研究者たちもいます。2014年に発表された研究論文によれば、研究者たちは、一方のうつ病患者グループには、眉間の「眉をひそめる筋肉」にボトックス（美容整形のしわ取りなどに使われる薬剤）の注射を受けてもらい、もう一方のグループには、効果を比較するためのプラセボ（偽薬）として生理食塩水の注射を受けてもらいました。6週間後にうつ症状の程度を測定したところ、ボトックス注射を受けたグループは、うつ症状が52％も改善したのに対し、プラセボグループの改善は15％にとどまりました。

あなたが今度、ストレスを感じる相手とやりとりしたときには、「笑顔」のことを思い出してください。反感をつのらせる代わりに、無理にでも笑顔を作って気持ちを切り替えましょう。そういう相手とやり合っても、さらにストレスが大きくなるだけです。「笑顔を作る」ことで、あなたの頭と体をよりよい状態に仕向けることができるのです。

おわりに

1時間の一番有効な使い方は、これから伸び続けるものに使うことです。あなたがだれかにポジティブな感情を充電したら、その感情は、その後の人と人とのやりとりを通じて次々に伝わります。人の成長に1時間投資したら、たとえその結果があなたには見えなくても、人間関係のネットワーク全体の1日の幸福感を高めることになります。さらに、あなたの成長にも役立ちます。

私たちは、自分と同じ問題を抱えている人を手助けするほうが、自分を助けるよりもはるかに得意のようです。アルコール依存症の人たちを対象とした大規模な調査で、回復期に**ほかのアルコール依存症の人を手助けした人たち**の40％が、治療後の1年間、お酒を断つことに成功しました。一方、手助けをしなかった人たちのなかで、お酒を飲まずにいられたのは、22％にとどまりました。同じ問題を抱えていた人を助けることで、成功率が2倍近くになったのです。その後の調査で、ほかのアルコール依存症の人を手助けした人たちの94％が、うつ症状も軽減したことがわかりました。

数百人の大学生を対象とした調査によれば、学生たちの創造的な問題解決能力は、自分のために問題を解決したときよりも、人のために問題を解決したときのほうが高かったそうです。どうやら人間の脳は、相手が全く知らない人であっても、人の役に立って、「意義」を見いだすように作られているようです。

あなたの最も貴重なリソースを人と分かち合う

人に「時間」を使ったら、自分に時間を使うよりも大きな利益を生み出します。あなたの「お金」の使い方についても、同じことが言えます。お金を寄付したら、自分のためになにかを買うより、あなたのためになるのです。幸いなことに、「与えること」で幸福感を生み出すのに、大金は必要ありません。必要なのは少しばかりの労力なのです。

一連の調査で、「与えること」で、幸福感をいろいろな意味で高められることがわかりました。経済学者アーサー・ブルックスが、ハーバード大学がアメリカ各地の41地域から集めた3万世帯のデータを分析しました。その結果（逆説的ではありますが）、お金を慈善に寄付している家は、その後の財産が増えていることが判明しました。ブルックスはブリガムヤング大学での講演でこう語っています。

「例えば、全く同じような2つの家族があったとしましょう。どちらも同じ民族で、同じ町に住み、信仰する宗教、子どもの数、教育レベルも同じ。なにもかも同じで、唯一の違いは、一方の家族は慈善に100ドル（約1万2000円）寄付し、もう一方は寄付をしなかったことだとします。その場合、寄付をしている家族のその後の収入は、しなかった家族よりも、平均375ドル（約4万5000円）も多かったのです。この収入の差は、統計的には、寄付の差によるものということになります」

1ドルの寄付で、その後の収入が3・75ドル増えるという計算になります。ブルックスは「与えること」の効果は、「お金」だけに限らないことにも気づきました。ボランティアとして「時間」を費やしたり、「献血」をした家族も、その後の収入が増えていることが多かったのです。

興味深いことに、「与えること」で効果が得られるのは、豊かな国でも貧しい国でも同じで、世界共通の現象のようです。研究者チームが136カ国の20万人のデータを分析し、世界のどの国でも、慈善への寄付が幸福感を高めていることがわかりました。それは、家族の食料を確保するのに苦労していると回答している人たちでも、同じだったのです。

研究者たちは、カナダと南アフリカでも実験を行いました。一方の参加者グループには、自分のためにものを買ってもらい、もう一方の参加者グループには同じものを人のために買ってもらい、その後の幸福度を比較しました。どちらの国でも、人のためにお金を使った人たちは、その恩恵を受ける人に会っていなくても、自分のためにお金を使った人たちよりも大きな幸福感を味わいました。こうしたことから、研究者たちは、人々が寄付をするのは、単に直接的な満足感を味わうためとか、相手とつながりがあるからではなく、人間にはもともと、人のために行動したほうが気分がいいという性質があるからではないかと結論づけています。

いい人生を送るために

あなたがこの先、人々の役に立てる日数は限られています。このことは、すべての人に当てはまる数少ない共通事項の1つで、とても大きな原動力になることがあります。あなたが世の人々にたくさん貢献できるのは、それができる間だけだという事実を受け入れましょう。あなたの時間をどう使うかを決めるのはあなたです。こうした事実を、**毎日**、一番大事な活動に取り組むのを忘れないようにするのに活かしてほしいと思います。

私たちは、今、一番大事な活動を後回しにして、後々、妻や夫、子どもたちともっと一緒に過ごせばよかったと後悔することもあるでしょう。何年も前にアイデアを実現しようとしなかったことを、今になって後悔することもあります。でも幸いながら、今のあなたには、世の人々にいい充電をする時間があります。

まずは、「意義」を見いだせる仕事をしましょう。あなたの人間関係を強化するための「交流」に投資しましょう。そして、あなたが心身共に最高の状態になるための「エネルギー」を確保しましょう。この3つを組み合わせて実行することが、自分に十分な充電をし、周囲の人たちにいい充電をするための秘訣なのです。

謝辞

前にも述べましたが、人生で最も有意義な仕事が生まれるときには、その背景にすばらしい人間関係が存在するものです。たくさんの方々の並々ならぬご支援とフィードバックがなければ、私にはまともな本など、とても書けなかったと思います。私は、これまでのどの著著も、出版業者で親友でもあるピョートル・ユシュケヴィッチ博士と一緒に仕事をするという幸運に恵まれました。またしても彼に、本のプロジェクトの立ち上げから手助けしてもらい、うまく進むようなにかにつけて協力してもらいました。

この本に多大な時間を費やしてくれたもう1人は、妻のアシュリーです。全くの粗原稿の段階では、彼女はいつも一番たよりになる助言者です。読者の共感を呼べる内容になっているかはもちろん、話のつじつまが合っているかまでチェックしてもらっています。彼女は、昨年1年にわたって、この本の各章の数えきれないほどのバージョンを読みましたし、今年出版することになっていた児童書『The Rechargeables』の推敲には、さらに大きな貢献をしてくれました。こうした著書へのアシュリーの貢献は貴重なものであり、すばらしい友人、妻で、2人の幼い子どもの驚くべき母親でもある彼女に毎日接することで、私は彼女からさらに多くを学んでいます。アシュリーや家族と過ごすことで私が得られる意義とエネルギーは、それ以上のものは考えられないほど比類のないものです。

私は、すばらしい編集者と仕事をするという幸運にも恵まれています。編集者のケリー・ヘンリーは私のすべての著書にかかわり、作家としての能力を磨くためのノウハウを伝授してくださいました。またクリッサ・ラゴスとレスリー・ウェルズには、この本の編集だけでなく、昨年私が手がけた他のプロジェクトや記事にも多大なご協力をいただきました。エドワード・ボーベルとブレント・ウィルコックスのおかげで、この本のレイアウト全体が読みやすいものになりましたし、シャーウィン・ソイには、表紙をデザインしていただきました。

本書の執筆中に、特にありがたかったことの1つは、下書きの段階で、何人かのえり抜き集団から、かなり掘り下げたフィードバックをいただけたことです。この本が今の形にできあがったのは、次の方々からの幅広いフィードバックのおかげです。ジェイミー・ブレイン、メアリー・チェディー、マーガレット・グリーンバーグ、マリア・デ・グスマン博士、ジュディ・クリングス、シェーン・ロペス博士、デイビッド・マーティン、トム・マトソン、リサ・オハラ、ジェシカ・タイラー博士、トリッシュ・ウォード、クリスティン・ウィルキンソン。また私たちのパートナーとして長くお付き合いいただいている、出版社ペルセウス・ブック・グループのエリック・ケットゥネン、スーザン・ライシュ、キム・ライリーは、この本のプロジェクトでもすばらしいアドバイザーでしたし、この本がどこでも入手できるのは彼らのおかげです。またシェルトン・インタラクティブ社のチームのお力添えのおかげで、新しいウェブサイト「tomrath.org」が読者のさらなる情報源として役立つものになりました。

◉ おわりに

232 M・E・Pagano、S・G・Post、S・M・Johnson の研究論文「*Alcoholics Anonymous-related helping and the helper therapy principle*」、医学誌『*Alcoholism Treatment Quarterly*』2011年29号、p23-34、http://dx.doi.org/10.1080/07347324.2011.538320

233 C・Jarrett の記事「*How thinking for others can boost creativity*」、英国心理学会のブログ、作成日不明、http://bps-research-digest.blogspot.com/2011/03/how-thinking-for-others-can-boost-your.html#.U5nxZZRdVfF

234 E・Polman、K・J・Emich の研究論文「*Decisions for others are more creative than decisions for the self*」、科学誌『*Personality and Social Psychology Bulletin*』2011年37号、p492-501、http://dx.doi.org/10.1177/0146167211398362

235 アーサー・C・ブルックスのブリガムヤング大学での講演「*Why giving matters*」、ブリガムヤング大学同窓会誌『*Brigham Young University Magazine*』2009年夏号、http://magazine-dev.byu.edu/why-giving-matters/（※原書の URL を更新）

236 L・B・Aknin、C・P・Barrington-Leigh、E・W・Dunn、J・F・Helliwell、J・Burns、R・Biswas-Diener、M・I・Norton らの研究論文「*Prosocial spending and well-being: Cross-cultural evidence for a psychological universal*」、学術誌『*Journal of Personality and Social Psychology*』2013年104号（4）、p635-652、http://dx.doi.org/10.1037/a0031578

223 R・Harrisの記事「*Like all animals, we need stress. Just not too much*」、ラジオネットワークNPRのウェブサイト、2014年7月9日、http://www.npr.org/blogs/health/2014/07/09/325216030/like-all-animals-we-need-stress-just-not-too-much

224 オハイオ大学のプレスリリース「*Dwelling on stressful events can increase inflammation in the body, study finds*」、2013年3月13日、http://www.ohio.edu/research/communications/zoccola.cfm

◉ 第21章

225 ペンシルベニア州立大学のプレスリリース「*Reactions to everyday stressors predict future health*」、2012年11月2日、http://news.psu.edu/story/144952/2012/11/02/reactions-everyday-stressors-predict-future-health

226 J・R・Piazza、S・T・Charles、M・Sliwinski、J・Mogle、D・M・Almeidaの研究論文「*Affective reactivity to daily stressors and long-term risk of reporting a chronic health condition*」、医学誌『*Annals of Behavioral Medicine*』2013年45号、p110-120、http://dx.doi.org/10.1007/s12160-012-9423-0

227 ショーン・エイカー著『成功が約束される選択の法則——必ず結果が出る今を選ぶ5つの仕組み』、原題『*Before happiness: The 5 hidden keys to achieving success, spreading happiness, and sustaining positive change*』、高橋由紀子訳、徳間書店、2014年

228 A・E・Clark、E・Diener、Y・Georgellis、R・E・Lucasの研究論文「*Lags and leads in life satisfaction: A test of the baseline hypothesis*」、学術誌『*Economic Journal*』2008年118号、pF22-F243、http://dx.doi.org/10.1111/j.1468-0297.2008.02150.x

229 科学的心理学会のプレスリリース「*Grin and bear it! Smiling facilitates stress recovery*」、2012年7月30日、http://www.psychologicalscience.org/index.php/news/releases/smiling-facilitates-stress-recovery.html

230 T・L・Kraft、サラ・プレスマンの研究論文「*Grin and bear it: The influence of manipulated facial expression on the stress response*」. 学術誌『*Psychological Science*』2012年23号、p1372-1378、http://dx.doi.org/10.1177/0956797612445312

231 E・Finzi、N・E・Rosenthalの研究論文「*Treatment of depression with onabotulinumtoxinA: A randomized, double-blind, placebo controlled trial*」、医学誌『*Journal of Psychiatric Research*』2014年52号、p1-6、http://dx.doi.org/10.1016/j.jpsychires.2013.11.006

『*Archives of Internal Medicine*（現ジャマ・インターナル・メディシン）』2009年169号（1）、p62–67、http://dx.doi.org/10.1001/archinternmed.2008.505

214 A・O'Connorの記事「*Really? Using a computer before bed can disrupt sleep*」『ニューヨーク・タイムズ』紙オンライン版 Well Blog、2012年9月10日、http://well.blogs.nytimes.com/2012/09/10/really-using-a-computer-before-bed-can-disrupt-sleep

215 フロリダ大学ウォリントン・ビジネススクールのプレスリリース「*Late-night smartphone use has detrimental effects on next-day work productivity*」、作成日不明、https://news.warrington.ufl.edu/faculty/late-night-smartphone-use-has-detrimental-effects-on-next-day-work-productivity

216 K・Lanaj、R・E・Johnson、C・M・Barnesの研究論文「*Beginning the workday yet already depleted? Consequences of late-night smartphone use and sleep*」、専門誌『*Organizational Behavior and Human Decision Processes*』、2014年124号、p11-23、http://dx.doi.org/10.1016/j.obhdp.2014.01.001

217 B・Wood、M・S・Rea、B・Plitnick、M・G・Figueiroの研究論文「*Light level and duration of exposure determine the impact of self-luminous tablets on melatonin suppression*」、専門誌『*Applied Ergonomics*』2012年44号、p237-240、http://dx.doi.org/10.1016/j.apergo.2012.07.008

218 M・Paulの記事「*Natural light in the office boosts health: Daylight in your office improves sleep, physical activity and quality of life*」、ノースウェスタン大学のプレスリリース、2014年8月8日、http://www.northwestern.edu/newscenter/stories/2014/08/natural-light-in-the-office-boosts-health.html

219 M・Boubekri、I・N・Cheung、K・J・Reid、C-H・Wang、P・C・Zeeの研究論文「*Impact of windows and daylight exposure on overall health and sleep quality of office workers: A case-control pilot study*」、専門誌『*Journal of Clinical Sleep Medicine*』、2014年10号、p 603-611、http://dx.doi.org/10.5664/jcsm.3780

◉ 第20章

220 J・Bunimの記事「*Healthy lifestyle may buffer against stress-related cell aging*」、カリフォルニア大学サンフランシスコ校のプレスリリース、2014年7月29日、http://www.ucsf.edu/news/2014/07/116141/healthy-lifestyle-may-buffer-against-stress-related-cell-aging-study-says

221 E・Puterman、J・Lin、E・H・Blackburn、E・S・Epelの研究論文「*Determinants of telomere attrition over 1 year in healthy older women: stress and health behaviors matter*」、専門誌『*Molecular Psychiatry*』、p1-7、http://dx.doi.org/10.1038/mp.2014.70

◉ 第19章

204 B・Fryerの記事「*Sleep deficit: The performance killer*」、経営学誌『ハーバード・ビジネス・レビュー』2006年10月号、(邦訳は「睡眠時間を削るとパフォーマンスは低下する　睡眠不足は企業リスクである」、『DIAMOND ハーバード・ビジネス・レビュー』2006年12月号)、http://hbr.org/2006/10/sleep-deficit-the-performance-killer/ar/1#

205 K・アンダース・エリクソン、R・T・Krampe、C・Tesch-Römerの研究論文「*The role of deliberate practice in the acquisition of expert performance*」、専門誌『*Psychological Review*』1993年100号（3）、p363-406、http://dx.doi.org/10.1037/0033-295X.100.3.363

206 （米）国立睡眠財団のリポート「*National Sleep Foundation poll finds exercise key to good sleep*」、アクセス日2014年12月22日、http://sleepfoundation.org/media-center/press-release/national-sleep-foundation-poll-finds-exercise-key-good-sleep（※原書のURLを更新）

207 T・Schwartzの記事「*Relax! You'll be more productive*」、『ニューヨーク・タイムズ』紙オンライン版、2013年2月9日、http://www.nytimes.com/2013/02/10/opinion/sunday/relax-youll-be-more-productive.html

208 R・C・Kessler、P・A・Berglund、C・Coulouvrat、G・Hajak、T・Roth、V・Shahly、J・K・Walshらの研究論文「*Insomnia and the performance of US workers: Results from the America Insomnia Survey*」、専門誌『*Sleep*』2011年34号、p1161-1171、http://dx.doi.org/10.5665/SLEEP.1230

209 記事「*High cost of insomnia may be a wake-up call*」、大衆紙『USAトゥデイ』、2011年9月1日、http://usatoday30.usatoday.com/news/health/story/health/story/2011-09-01/high-cost-of-insomnia-may-be-a-wake-up-call/50220690/1

210 デイビッド・B・エイガス著『ジエンド・オブ・イルネス　病気にならない生き方』、原題『*The end of illness*』、野中香方子訳、日経BP社、2013年

211 S・E・Luckhauptのリポート「*Short sleep duration among workers: United States, 2010*」、（米）疾病対策センターのウィークリーダイジェスト『*Morbidity & Mortality Weekly Report*』2012年61号（16）、p281-285、http://www.cdc.gov/mmwr/preview/mmwrhtml/mm6116a2.htm

212 記事「*Sleepy drivers as dangerous as drunk ones*」、放送局FOXニュースのウェブサイト、2012年5月31日、http://www.foxnews.com/health/2012/05/31/study-sleepy-drivers-equally-as-dangerous-as-drunken-drivers

213 S・Cohen、W・J・Doyle、C・M・Alper、D・Janicki-Deverts、R・B・Turnerの研究論文「*Sleep habits and susceptibility to the common cold*」、米国医師会雑誌

and-behavior/can-exercise-close-achievement-gap-83433

196 M・Tineの研究論文「*Acute aerobic exercise: an intervention for the selective visual attention and reading comprehension of low-income adolescents*」、オープンアクセス心理学誌『*Frontiers in Psychology*』2014年、5:575、http://dx.doi.org/10.3389/fpsyg.2014.00575

197 L・Widrichの記事「*What happens to our brains when we exercise and how it makes us happier*」、ファストカンパニーのウェブサイト、2014年2月4日、http://www.fastcompany.com/3025957/work-smart/what-happens-to-our-brains-when-we-exercise-and-how-it-makes-us-happier

198 D・M・Bravata、C・Smith-Spangler、V・Sundaram、A・L・Gienger、N・Lin、R・Lewis、J・R・Sirardらの研究論文「*Using pedometers to increase physical activity and improve health: A systematic review*」、アメリカ医師会雑誌『ジャーナル・オブ・ジ・アメリカン・メディカル・アソシエーション』2007年298号、p2296–2304、http://dx.doi.org/10.1001/jama.298.19.2296

199 T・Dwyer、A・L・Ponsonby、O・C・Ukoumunne、A・Pezic、A・Venn、D・Dunstan、J・Shawらの研究論文「*Association of change in daily step count over five years with insulin sensitivity and adiposity: population based cohort study*」、イギリス医師会雑誌『ブリティッシュ・メディカル・ジャーナル』2011年342号、c7249–c7249、http://dx.doi.org/10.1136/bmj.c7249

200 J・S・Sibold、K・M・Bergの研究論文「*Mood enhancement persists for up to 12 hours following aerobic exercise: A pilot study*」、学術誌『*Perceptual and Motor Skills*』2010年111号（2）、p333–342、http://dx.doi.org/10.2466/02.06.13.15.PMS.111.5.333-342

201 A・M・Knab、R・A・Shanley、K・Corbin、F・Jin、W・Sha、D・C・Niemanの研究論文「*A 45-minute vigorous exercise bout increases metabolic rate for 19 hours*」、専門誌『*Medicine & Science in Sports & Exercise*』2011年43号（9）、p1643-1648、http://dx.doi.org/10.1249/MSS.0b013e3182118891

202 G・Reynoldsの記事「*Want to be more creative? Take a walk*」、『ニューヨーク・タイムズ』紙オンライン版Well Blog、2014年4月30日、http://well.blogs.nytimes.com/2014/04/30/want-to-be-more-creative-take-a-walk/?_php=true&_type=blogs&_php=true&_type=blogs&smid=tw-nytimeshealth&seid=auto&_r=1&&utm_content=buffera57a0&utm_medium=social&utm_source=twitter.com&utm_campaign=buffer

203 E・Lennevilleの記事「*Why do I think better after I exercise?*」、科学ニュースサイト「*Scientific American*」、2013年6月6日、http://www.scientificamerican.com/article/why-do-you-think-better-after-walk-exercise/

S0140-6736（12）61031-9

186 記事「*Obese Americans get less than one minute of vigorous activity per day, research shows*」、科学ニュースサイト「*Newswise*」、2014年2月12日、http://www.newswise.com/articles/obese-americans-get-less-than-one-minute-of-vigorous-activity-per-day-research-shows

187 E・Archer、C・J・Lavie、S・M・McDonald、D・M・Thomas、J・R・Hébert、S・E・Taverno Ross、S.・N・Blairらの研究論文「*Maternal inactivity: 45-year trends in mothers' use of time*」、メイヨー・クリニック発行の医学誌『*Mayo Clinic Proceedings*』2013年88号、p1368-1377、http://dx.doi.org/10.1016/j.mayocp.2013.09.009

188 N・Hellmichの記事「*Take a stand against sitting disease*」、大衆紙『USAトゥデイ』、2012年8月13日、http://www.usatoday.com/news/health/story/2012-07-19/sitting-disease-questions-answers/57016756/1

189 A・J・Pesola、A・Laukkanen、O・Tikkanen、S・Sipilä、H・Kainulainen、T・Finniの研究論文「*Muscle inactivity is adversely associated with biomarkers in physically active adults*」、専門誌『*Medicine and Science in Sports and Exercise*』2014年、http://dx.doi.org/10.1249/MSS.0000000000000527

190 「*Sitting is killing you*」、ウェブサイト「*Medical Billing and Coding Certification*」2011年5月9日、http://www.medicalbillingandcoding.org/sitting-kills（※現在、該当サイト無）

191 A・Clarkeの記事「*If you're sitting down, you're a sitting duck*」、『ヘラルドサン』紙、2014年1月13日、http://www.heraldsun.com.au/news/opinion/if-youresitting-down-youre-a-sitting-duck/story-fni0ffsx-1226800055731?nk=e49bb-7cecc0166e4593c7afebde8ead8

192 ニューメキシコ大学ヘルスサイエンスセンターの記事「Stairway to health」、作成日不明、http://hsc.unm.edu/wellness/physical/stairs.html

193 A・Ariga、A・Llerasの研究論文「*Brief and rare mental "breaks" keep you focused: Deactivation and reactivation of task goals preempt vigilance decrements*」、専門誌『*Cognition*』2011年118号、p439–443、http://dx.doi.org/10.1016/j.cognition.2010.12.007

194 J・Stillmanの記事「*Your desk is making you stupid*」、ビジネス誌『*Inc.*』オンライン版、2012年7月18日、http://www.inc.com/jessica-stillman/be-smarter-get-up-and-walk-around.html

195 B・Changの記事「*Can exercise close the achievement gap?*」、専門誌『*Pacific Standard*』オンライン版、2014年6月13日、http://www.psmag.com/health-

128号、p220-225、http://dx.doi.org/10.1016/j.physbeh.2014.02.025

177 D・Kainの記事「*More trans fat consumption linked to greater aggression*」、カリフォルニア大学サンディエゴ校のプレスリリース、2012年3月13日、http://ucsdnews.ucsd.edu/pressrelease/more_trans_fat_consumption_linked_to_greater_aggression/

178 B・A・Golomb、M・A・Evans、H・L・Whit、J・E・Dimsdaleの研究論文「*Trans fat consumption and aggression*」、オープンアクセス科学誌『*PLOS ONE*』2012年、7（3）: e32175、http://dx.doi.org/10.1371/journal.pone.0032175

179 A・Sánchez-Villegas、E・Toledo、J・de Irala、M・Ruiz-Canela、J・Pla-Vidal、M・A・Martínez-Gonzálezの研究論文「*Fast-food and commercial baked goods consumption and the risk of depression*」、専門誌『*Public Health Nutrition*』2012年15号、p424-432、http://dx.doi.org/10.1017/S1368980011001856

180 オタゴ大学（ニュージーランド）のプレスリリース「*Otago study suggests many apples a day keep the blues at bay*」、2013年1月23日、http://www.otago.ac.nz/news/news/otago041054.html

181 B・A・White、C・C・Horwath、T・S・Connerの研究論文「*Many apples a day keep the blues away - Daily experiences of negative and positive affect and food consumption in young adults*」、専門誌『*British Journal of Health Psychology*』2013年18号、p782-798、http://dx.doi.org/10.1111/bjhp.12021

◉ 第18章

182 N・Owen、A・Bauman、W・Brownの研究論文「*Too much sitting: A novel and important predictor of chronic disease risk?*」、専門誌『*British Journal of Sports Medicine*』2009年43号、p81-83、http://dx.doi.org/10.1136/bjsm.2008.055269

183 A・Blaszczak-Boxeの記事「*Two hours of sitting cancels out 20 minutes of exercise, study finds*」、ウェブサイト「*CBS News*」、2014年6月8日、http://www.cbsnews.com/news/two-hours-of-sitting-cancels-out-20-minutes-of-exercise-study-finds

184 C・E・Matthews、S・M・George、S・C・Moore、H・R・Bowles、A・Blair、Y・Park、A・Schatzkinらの研究論文「*Amount of time spent in sedentary behaviors and cause-specific mortality in US adults*」、医学誌『*American Journal of Clinical Nutrition*』2012年95号、p437-445、http://dx.doi.org/10.3945/ajcn.111.019620

185 I・M・Lee、E・J・Shiroma、F・Lobelo、P・Puska、S・N・Blair、P・T・Katzmarzykの研究論文「*Effect of physical inactivity on major non-communicable diseases worldwide: An analysis of burden of disease and life expectancy*」、医学誌『ランセット』2012年380号（9838）、p219-229、http://dx.doi.org/10.1016/

health/sugary-drinks-deaths/（※原書の URL を更新）

167 （米）疾病対策センターのリポート「*CDC Grand Round: Prescription drug overdoses — a U.S. epidemic*」61（1）;10-13、2012年1月13日、http://www.cdc.gov/mmwr/preview/mmwrhtml/mm6101a3.htm

168 米国科学振興協会のリポート「*Cancer cells accelerate aging and inflammation in the body to drive tumor growth*」、2011年5月26日、http://www.eurekalert.org/pub_releases/2011-05/tju-cca052611.php

169 H・Liu、D・Huang、D・L・McArthur、L・G・Boros、N・Nissen、A・P・Heaney の研究論文「*Fructose induces transketolase flux to promote pancreatic cancer growth*」、専門誌『*Cancer Research*』2010年70号、p 6368-6376、http://dx.doi.org/10.1158/0008-5472.CAN-09-4615

170 記事「*Scientists link excess sugar to cancer*」、オンライン科学メディア「*Alpha Galileo*」、2013年2月1日、http://www.alphagalileo.org/ViewItem.aspx?ItemId=128132&CultureCode=en

171 H・Strawbridge の記事「*Artificial sweeteners: Sugar-free, but at what cost?*」、ハーバード・メディカルススクールのウェブサイト、2012年6月16日、http://www.health.harvard.edu/blog/artificial-sweeteners-sugar-free-but-at-whatcost-201207165030

172 S・P・Fowler、K・Williams、R・G・Resendez、K・J・Hunt、H・P・Hazuda、M・P・Stern の研究論文「*Fueling the obesity epidemic? Artificially sweetened beverage use and long-term weight gain*」、学術誌『*Obesity*』2008年16号（8）、p1894-1900、http://dx.doi.org/10.1038/oby.2008.284

173 ブライアン・ワンシンク著『そのひとクチがブタのもと』、原題『*Mindless eating: Why we eat more than we think*』、中井京子訳、集英社、2007年

174 米国睡眠医学会のプレスリリース「*Study links diet with daytime sleepiness and alertness in healthy adults*」、2013年5月7日、http://www.aasmnet.org/articles.aspx?id=3869

175 S・Wolpert の記事「*Does a junk food diet make you lazy? UCLA psychology study offers answers*」、カリフォルニア大学ロサンゼルス校のニュースリリース、2014年4月4日、http://newsroom.ucla.edu/releases/does-a-junk-food-diet-make-you-lazy-ucla-psychology-study-offers-answer

176 A・P・Blaisdell、Y・L・Lau、E・Telminova、H・C・Lim、B・Fan、C・D・Fast、D・C・Pendergrass らの研究論文「*Food quality and motivation: A refined low-fat diet induces obesity and impairs performance on a progressive ratio schedule of instrumental lever pressing in rats*」、専門誌『*Physiology and Behavior*』2014年

157 T・MLarsen、T・M・Dalskov、M・van・Baak、S・A・Jebb、A・Papadaki、A・F・Pfeiffer、A・Astrupの研究論文「*Diets with high or low protein content and glycemic index for weight-loss maintenance*」、医学誌『ニューイングランド・ジャーナル・オブ・メディシン』2010年363号、p2102-2113、http://dx.doi.org/10.1056/NEJMoa1007137

158 H・A・Hoertel、M・J・Will、H・J・Leidyの研究論文「*A randomized crossover, pilot study examining the effects of a normal protein vs. high protein breakfast on food cravings and reward signals in overweight/obese "breakfast skipping", late-adolescent girls*」、専門誌『*Nutrition Journal*』2014年13号、p80、http://dx.doi.org/10.1186/1475-2891-13-80

159 K・J・Smith、S・L・Gall、S・A・McNaughton、L・Blizzard、T・Dwyer、A・J・Vennの研究論文「*Skipping breakfast: longitudinal associations with cardiometabolic risk factors in the Childhood Determinants of Adult Health Study*」、医学誌『*American Journal of Clinical Nutrition*』2010年92号、p1316-1325、http://dx.doi.org/10.3945/ajcn.2010.30101

160 I・Kieferの研究論文「*Brain food*」、科学雑誌『*Scientific American Mind*』2007年18号、p58-63、http://dx.doi.org/10.1038/scientificamericanmind1007-58

161 食品技術者協会のプレスリリース「*Glycemic index foods at breakfast can control blood sugar throughout the day*」、2012年3月30日、http://www.ift.org/newsroom/news-releases/2012/march/30/glycemic-index.aspx

162 H・J・Leidy、L・C・Ortinau、S・M・Douglas、H・A・Hoertelの研究論文「*Beneficial effects of a higher-protein breakfast on the appetitive, hormonal, and neural signals controlling energy intake regulation in overweight/obese, "breakfast-skipping," late-adolescent girls*」、医学誌『*American Journal of Clinical Nutrition*』2013年97号、p677-688、http://dx.doi.org/10.3945/ajcn.112.053116

163 G・Taubesの記事「*Is sugar toxic?*」、『ニューヨーク・タイムズ・マガジン』(日曜版別冊)、2011年4月13日、http://www.nytimes.com/2011/04/17/magazine/mag-17Sugar-t.html

164 (米) 農務省 (USDA) Office of Communicationsのリポート「*Chapter 2: Profiling food consumption on America*」、『*Agricultural Fact Book 2001-2002*』オンライン版、2013年3月2日、http://www.usda.gov/factbook/chapter2.htm

165 国際連合薬物犯罪事務所のリポート「*World Drug Report 2010*」(United Nations Publications, sales No. E.10.XI.13)、2010年、https://www.erowid.org/psychoactives/statistics/statistics_unodc_world_drug_report_2010.pdf

166 L・Wadeの記事「*Sugary drinks linked to 180,000 deaths worldwide*」、放送局CNNのウェブサイト、2013年3月19日、http://edition.cnn.com/2013/03/19/

◉ 第16章

148 トム・ラス著『座らない！——成果を出し続ける人の健康習慣』、原題『*Eat Move Sleep*』、牧野洋訳、新潮社、2015年

149 O・Katrandjianの記事「*Study finds 55 percent nurses are overweight*」、ニュースサイト「*ABC News*」、2012年1月30日、http://abcnews.go.com/Health/studyfinds-55-percent-nurses-overweight-obese/story?id=15472375

150 P・Griffiths、C・Dall'Ora、M・Simon、J・Ball、L・H・Aiken他の研究論文「*Nurses' shift length and overtime working in 12 European countries: The association with perceived quality of care and patient safety*」、医療専門誌『*Medical Care*』2014年52号、p975-981、http://dx.doi.org/10.1097/MLR.0000000000000233

151 2014年の8月から12月にかけて、Missionday社の市場調査部門が行った調査と、グーグルの市場調査サービス（Google Consumer Surveys）を利用した調査で、1万546人の回答が得られた。詳しくはグーグルの次のサイトを参照のこと。https://www.google.com/insights/consumersurveys/static/consumer_surveys_whitepaper_v2.pdf

152 A・C・King、C・M・Castro、M. P Buman、E・B・Helker、G・G・Urizar、D・K・Ahnの研究論文「*Behavioral impacts of sequentially versus simultaneously delivered dietary plus physical activity interventions: The CALM trial*」、医学誌『*Annals of Behavioral Medicine*』2013年46号（2）、p157-168、http://dx.doi.org/10.1007/s12160-013-9501-y

◉ 第17章

153 D・Mozaffarian、T・Hao、E・B・Rimm、W・C・Willett、F・B・Huの研究論文「*Changes in diet and lifestyle and long-term weight gain in women and men*」、医学誌『ニューイングランド・ジャーナル・オブ・メディシン』2011年364号、p2392-2404、http://dx.doi.org/10.1056/NEJMoa1014296

154 J・E・Brodyの記事「*Still counting calories? Your weight-loss plan may be outdated*」、『ニューヨーク・タイムズ』紙オンライン版、2011年7月18日、http://www.nytimes.com/2011/07/19/health/19brody.html?pagewanted=all&_r=1&

155 C・Dreifusの記事「*A mathematical challenge to obesity*」、『ニューヨーク・タイムズ』紙オンライン版、2012年5月14日、http://www.nytimes.com/2012/05/15/science/a-mathematical-challenge-to-obesity.html

156 トム・ラス、ジム・ハーター著『幸福の習慣』、原題『*Wellbeing: The five essential elements*』、森川里美訳、ディスカヴァー・トゥエンティワン、2011年

リリース、2010年8月26日、http://www.buffalo.edu/news/releases/2010/08/11683.html

139 記事「*Friends with cognitive benefits: Mental function improves after certain kinds of socializing*」、科学ニュースサイト「*Science Daily*」、2010年10月28日、http://www.sciencedaily.com/releases/2010/10/101028113817.htm

140 O・Ybarra、P・Winkielma、I・Yeh、E・Burnstein、L・Kavanaghの研究論文「*Friends (and sometimes enemies) with cognitive benefits: What types of social interactions boost executive functioning?*」、学術誌『*Social Psychological and Personality Science*』2011年2号、p253-261、http://dx.doi.org/10.1177/1948550610386808

141 ウィキペディア「*Zero-sum game*」（日本語版は「ゼロ和」）アクセス日2014年12月28日　http://en.wikipedia.org/wiki/Zero-sum_game

142 ラリン・アニク、L・B・Aknin、マイケル・ノートン、E・W・Dunn、J・Quoidbachの研究論文「*Prosocial bonuses increase employee satisfaction and team performance*」、オープンアクセス科学誌『*PLOS ONE*』2013年、8（9）：e75509、http://dx.doi.org/10.1371/journal.pone.0075509

◉ 第15章

143 T・A・Judge、C・Hurstの研究論文「*How the rich (and happy) get richer (and happier): Relationship of core self-evaluations to trajectories in attaining work success*」、学術誌『*Journal of Applied Psychology*』2008年93号、p849-863、http://dx.doi.org/10.1037/0021-9010.93.4.849

144 トム・ラス、ドナルド・O・クリフトン著『心のなかの幸福のバケツ』、原題『*How full is your bucket?*』、高遠裕子訳、日本経済新聞社、2005年

145 トム・ラス、M・Reckmeyer著、M・J・Manningイラスト『*How full is your bucket? For kids*（子どものための「心のなかの幸福のバケツ」）』、ギャラップ・プレス（ニューヨーク）、2009年

146 バーバラ・フレドリクソン著『ポジティブな人だけがうまくいく3:1の法則』、原題『*Positivity: Top-notch research reveals the 3-to-1 ratio that will change your life*』、植木理恵監修、高橋由紀子訳、日本実業出版社、2010年

147 M・Rudd、J・Aaker、マイケル・ノートンの研究論文「*Getting the most out of giving: Concretely framing a prosocial goal maximizes happiness*」、学術誌『*Journal of Experimental Social Psychology*』2014年54号、p11-24、http://dx.doi.org/10.1016/j.jesp.2014.04.002

129 D・Martin (Producer)、DVD『*Fully Charged*（フル充電）』、Missionday (United States)、2015年 .

130 A・Kumar、M・A・Killingsworth、T・Gilovichの研究論文「*Waiting for merlot: Anticipatory consumption of experiential and material purchases*」、学術誌『*Psychological Science*』2014年25号、p1924-1931、http://dx.doi.org/10.1177/0956797614546556

131 D・Thompsonの記事「*America's weird, enduring love affair with cars and house*」、雑誌『*The Atlantic*』オンライン版、2014年2月25日、http://www.theatlantic.com/business/archive/2014/02/americas-weird-enduring-love-affair-with-cars-andhouses/284049

132 マイケル・ノートンのTEDxEastSalonでのスピーチ動画「*How to buy happiness*」、Retrieved from 2011年10月、http://t.co/sDlqruee
マイケル・ノートンのTEDxケンブリッジでのスピーチ動画「幸せを買う方法」、http://digitalcast.jp/v/13702/（※URLを追記）

133 J・P・Zaneの記事「*How to gladden a wealthy mind*」、『ニューヨーク・タイムズ』紙オンライン版、2014年、http://www.nytimes.com/2014/10/23/your-money/how-to-gladden-a-wealthy-mind-.html

134 D・A・Guevarra、ライアン・ハウエルの研究論文「*To have in order to do: Exploring the effects of consuming experiential products on well-being*」、学術誌『*Journal of Consumer Psychology*』2014年、http://dx.doi.org/10.1016/j.jcps.2014.06.006

135 T・R・Mitchell、L・Thompson、E・Peterson、R・Cronkの研究論文「*Temporal adjustments in the evaluation of events: The "rosy view."*」、学術誌『*Journal of Experimental Social Psychology*』1997年33号、p421–448、http://dx.doi.org/10.1006/jesp.1997.1333

136 T・Parker-Popeの記事「*How vacations affect your happiness*」、『ニューヨーク・タイムズ』紙オンライン版Well Blog、2010年2月18日、http://well.blogs.nytimes.com/2010/02/18/how-vacations-affect-your-happiness/?_r=0

◉ 第14章

137 L・M・Jaremka、S・Gabriel、M・Carvalloの研究論文「*What makes us feel the best also makes us feel the worst: The emotional impact of independent and interdependent experiences*」、学術誌『*Self and Identity*』2011年10号、p44-63、http://dx.doi.org/10.1080/15298860903513881

138 P・Donovanの記事「*Our best and worst moments occur within social relationships, research shows*」、ニューヨーク州立大学バッファロー校のプレス

◉ 第12章

119 A・Griswoldの記事「*This one simple management change saved Bank of America $15 million*」、ビジネスニュースサイト「*Business Insider*」、2014年2月25日、http://www.businessinsider.com/bank-of-america-call-center-management-2014-2

120 B・Cabreraのブログ記事「*Choose your friends wisely*」、ブログ「*Cabrera Insights*」、2012年12月6日、http://organizationalpositivity.com/?p=1893

121 J・Holt-Lunstad、T・B・Smith、J・B・Laytonの研究論文「*Social relationships and mortality risk: A meta-analytic review*」、オープンアクセス医学誌『*PLOS Medicine*』2010年、7（7）: e1000316、http://dx.doi.org/10.1371/journal.pmed.1000316

122 K・MSheldon、S・Lyubomirskyの研究論文「*The challenge of staying happier: Testing the hedonic adaptation prevention model*」、科学誌『*Personality and Social Psychology Bulletin*』2012年38号、p670-680、http://dx.doi.org/10.1177/0146167212436400

123 S・Misra、L・Cheng、J・Genevie、M・Yuanの研究論文「*The iPhone effect: The quality of in-person social interactions in the presence of mobile devices*」、学術誌『*Environment and Behavior*』2014年、http://dx.doi.org/10.1177/0013916514539755

124 B・Thornton、A・Faires、M・Robbins、E・Rollinsの研究論文「*The mere presence of a cell phone may be distracting*」、心理学誌『*Social Psychology*』2014年45号、p479-488、http://dx.doi.org/10.1027/1864-9335/a000216

125 R・C・Huseman、J・M・Lahiff、J・M・Penrose著『*Business communication strategies and skills（3rd ed）*』、Dryden（Chicago）、1998年

126 N・Landrum著『*How to stay married and love it: Solving the puzzle of a soulmate marriage*』、River Publishing（Murrieta, CA）、2002年

◉ 第13章

127 A・Blackmanの記事「*Can money buy you happiness?*」、経済紙『ウォール・ストリート・ジャーナル』、2014年11月10日、http://www.wsj.com/articles/can-money-buy-happiness-heres-what-science-has-to-say-1415569538

128 P・Pchelin、ライアン・ハウエルの研究論文「*The hidden cost of value-seeking: People do not accurately forecast the economic benefits of experiential purchases*」、学術誌『*Journal of Positive Psychology*』2014年9号、p322-334、http://dx.doi.org/10.1080/17439760.2014.898316

109 Y・Anwarの記事「*Easily embarrassed? Study finds people will trust you more*」、カリフォルニア大学バークレー校のプレスリリース、2011年9月28日、http://newscenter.berkeley.edu/2011/09/28/easily-embarrassed

110 M・Feinberg、R・Willer、D・Keltnerの研究論文「*Flustered and faithful*」、学術誌『*Journal of Personality and Social Psychology*』2012年102号、p81-97、http://dx.doi.org/10.1037/a0025403

111 ポール・エクマン著『顔は口ほどに嘘をつく』、原題『*Emotions revealed: Recognizing faces and feelings to improve communication and emotional life*』、菅靖彦訳、河出書房新社、2006年

112 テキサス大学オースティン校のプレスリリース「*What mimicking one's language style may mean about the relationship*」、2010年10月4日、http://www.utexas.edu/news/2010/10/04/language_relationships

113 M・E・Ireland、ジェームズ・ペネベイカーの研究論文「*Language style matching in writing: synchrony in essays, correspondence, and poetry*」、学術誌『*Journal of Personality and Social Psychology*』2010年99号、p549-571、http://dx.doi.org/10.1037/a0020386

114 科学的心理学会のリポート「*A positive mood allows your human brain to think more creatively*」、2010年12月15日、http://www.psychologicalscience.org/index.php/news/releases/a-positive-mood-allows-your-brain-to-think-more-creatively.html

115 R・T・Nadler、R・Rabi、J・P・Mindaの研究論文「*Better mood and better performance: Learning rule described categories is enhanced by positive mood*」、学術誌『*Psychological Science*』2010年21号、p1770-1776、http://dx.doi.org/10.1177/0956797610387441

116 R・Friedmanの記事「*You need a work best friend*」、『*New York Times Magazine*』誌、2014年12月2日、http://nymag.com/scienceofus/2014/11/you-need-a-work-best-friend.html

117 トム・ラス著『*Vital friends: The people you can't afford to live without*（生きていくのに欠かせない友人たち）』、ギャラップ・プレス（ニューヨーク）、2006年

118 P・M・Sias、D・J・Cahillの研究論文「*From coworkers to friends: The development of peer friendships in the workplace*」、学術誌『*Western Journal of Communication*』1998年62号、p273-299、http://dx.doi.org/10.1080/10570319809374611

99 J・E・Glaser、R・D・Glaserの記事「*The neurochemistry of positive conversations*」、経営学誌『ハーバード・ビジネス・レビュー』オンライン版、2014年6月12日、http://blogs.hbr.org/2014/06/the-neurochemistry-of-positive-conversations

100 学術書出版社シュプリンガーのプレスリリース「*Positive words: The glue to social interactions*」、2012年5月24日、http://www.springer.com/about+springer/media/springer+select?SGWID=0-11001-6-1379333-0（※原書のURLを更新）

101 D・Garcia、A・Garas、F・Schweitzerの研究論文「*Positive words carry less information than negative words*」、学術誌『*EPJ Data Science*』2012年1号（1）、http://dx.doi.org/10.1140/epjds3

102 ブリティッシュコロンビア大学のニュース記事「*Ostracism more damaging than bullying in the workplace*」、2014年5月29日、http://news.ubc.ca/2014/05/29/better-to-be-bullied-than-ignored-in-the-workplace-study

103 J・O'Reilly、S・L・Robinson、J・L・Berdahl、S・Bankiの研究論文「*Is negative attention better than no attention? The comparative effects of ostracism and harassment at work*」、学術誌『*Organization Science*』2014年、http://dx.doi.org/10.1287/orsc.2014.0900

104 トム・ラス著『*StrengthsFinder 2.0*』、ギャラップ社（ニューヨーク）、2007年

◉ 第11章

105 M・Rudd、J・Aaker、M・I・Nortonの未発表論文「*Leave them smiling: How small acts create more happiness than large acts*」、スタンフォード大学教育学大学院、2014年

106 セールスと交渉のトレーニングを専門とするHuthwaite社のリポート「*The behaviour of successful negotiators*」、https://system.netsuite.com/core/media/media.nl?id=9041&c=1035604&h=47e32ba37e2a3295bec0&_xt=.pdf

107 ダイアナ・タミル、J・P・Mitchellの研究論文「*Disclosing information about the self is intrinsically rewarding*」、米国科学アカデミー紀要』2012年109号、米国科学アカデミー紀要』2012年109号、8038-8043、http://dx.doi.org/10.1073/pnas.1202129109

108 R・LHotzの記事「*Science reveals why we brag so much*」、『ウォール・ストリート・ジャーナル』オンライン版、2012年5月7日、http://online.wsj.com/articles/SB10001424052702304451104577390392329291890

90 アダム・グラント著『お客様の言葉が社員を顧客志向に変える』、原題「*How customers can rally your troops*」)、経営学誌『ハーバード・ビジネス・レビュー』、2011年6月、http://hbr.org/2011/06/how-customers-can-rally-your-troops/ar/1

◉ 第9章

92 E・Diener、E・Sandvik、W・Pavotの研究論文「*Happiness is the frequency, not the intensity of positive versus negative affect*」、E・Diener編集の論文集『*Assessing Well-Being*』p213-231、2009年、http://dx.doi.org/10.1007/978-90-481-2354-4_10

93 2014年の8月から12月にかけて、Missionday社の市場調査部門が行った調査と、グーグルの市場調査サービス（Google Consumer Surveys）を利用した調査で、1万546人の回答が得られた。詳しくはグーグルの次のサイトを参照のこと。https://www.google.com/insights/consumersurveys/static/consumer_surveys_whitepaper_v2.pdf

94 I・Nooyiの記事「*The best advice I ever got*」、ビジネス誌『フォーチュン』、作成日不明、http://archive.fortune.com/galleries/2008/fortune/0804/gallery.bestadvice.fortune/7.html

95 ニコラス・A・クリスタキス、ジェイムズ・H・ファウラーの研究論文「*The spread of obesity in a large social network over 32 year*」、医学誌『ニューイングランド・ジャーナル・オブ・メディシン』2007年357号、p370-379、http://dx.doi.org/10.1056/NEJMsa066082

96 ジェイムズ・H・ファウラー、ニコラス・A・クリスタキスの研究論文「*Dynamic spread of happiness in a large social network: longitudinal analysis over 20 years in the Framinham Heart Study*」、イギリス医師会雑誌『ブリティッシュ・メディカル・ジャーナル』2008年337号、p1-9、http://dx.doi.org/10.1136/bmj.a2338

97 A・D・I・Kramer、J・E・Guillory、J・T・Hancockの研究論文「*Experimental evidence of massive scale emotional contagion through social networks*（SNSを通じての大規模な感情の伝染について実験的証拠）」、『米国科学アカデミー紀要』2014年111号、p8788-8790、http://dx.doi.org/10.1073/pnas.1320040111

◉ 第10章

98 ジョン・ゴットマン、ナン・シルバー著『結婚生活を成功させる七つの原則』、原題『*The seven principles for making marriage work: A practical guide from the country's foremost relationship expert*』、松浦秀明訳、第三文明社、新装版2007年

80 ラッシュ大学メディカルセンターのリポート「*Greater purpose in life may protect against harmful changes in the brain associated with Alzheimer's disease*」、2012年5月7日、http://www.sciencedaily.com/releases/2012/05/120507164326.htm（※原書のURLを更新）

81 パトリシア・A・ボイル、A・S・Buchman、R・S・Wilson、L・Yu、J・A・Schneider、D・A・Bennettの研究論文「*Effect of purpose in life on the relation between Alzheimer disease pathologic changes on cognitive function in advanced age*」、医学誌『*JAMA Psychiatry*』2012年69号、p499-504、http://dx.doi.org/10.1001/archgenpsychiatry.2011.1487

82 科学的心理学会のプレスリリース「*Having a sense of purpose may add years to your life*」、2014年5月12日、http://www.psychologicalscience.org/index.php/news/releases/having-a-sense-of-purpose-in-life-may-add-years-to-your-life.html（※原書のURLを更新）

83 P・L・Hill、N・A・Turianoの研究論文「*Purpose in life as a predictor of mortality across adulthood*」、学術誌『*Psychological Science*』2014年25号、p1482-1486、http://dx.doi.org/10.1177/0956797614531799

84 J・Stillmanの記事「*Best way to motivate your team for free*」、2013年1月15日、http://www.inc.com/jessica-stillman/the-best-way-to-motivate-your-team-for-free.html

85 A・Millerの記事「*The science of "karma"*」、専門誌『*APA Monitor*』2013年44号（9）、p28

86 記事「*The human impact of our work: GE staff meet cancer survivors*」、アクセス日2014年12月22日、http://newsroom.gehealthcare.com/human-impact-of-our-work/

87 北米放射線学会のプレスリリース「*Patient photos spur radiologist empathy and eye for detail*」、2008年12月2日、https://www2.rsna.org/timssnet/media/pressreleases/pr_target.cfm?ID=389

88 J・Powersの記事「*10 inexpensive ways to boost employee morale*」、2013年12月26日、http://www.ragan.com/Main/Articles/10_inexpensive_ways_to_boost_employee_morale_43589.aspx

89 アダム・グラントの記事「*Give and take: The path from independence to success*」、専門誌『*Psychology Today*』オンライン版、2014年1月30日、http://www.psychologytoday.com/blog/give-and-take/201401/the-no-1-feature-meaningless-job

70 記事「*Say "no" to interruptions, "yes" to better work*」、人間工学の専門家組織Human Factors and Ergonomics Society のウェブサイト、2014年7月14日、https://www.hfes.org/web/DetailNews.aspx?ID=343（※原書の URL を更新）

71 ウィキペディア「*Classical conditioning*」（※日本語版は「古典的条件づけ」）、作成日不明、アクセス日2014年12月22日、http://en.wikipedia.org/wiki/Classical_conditioning

72 A・Ott の記事「*How social media has changed to workplace*」、2010年11月11日、http://www.fastcompany.com/1701850/how-social-mediahas-changed-workplace-study

73 K・Kushlev、E・Q・Dunn の研究論文「*Checking email less frequently reduces stress*」、学術誌『*Computers in Human Behavior*』2015年43号、p220-228、http://dx.doi.org/10.1016/j.chb.2014.11.005

74 L・K・Barber、A・M・Santuzzi の研究論文「*Please respond ASAP: Workplace telepressure and employee recovery*」、学術誌『*Journal of Occupational Health Psychology*』発行前のオンライン版、2014年、http://dx.doi.org/10.1037/a0038278

75 図「*Collaborative and social tools increase employee interruptions*」、ATD（Association for Talent Development）発行の専門誌『*TD Magazine*』2011年65号（7）、p23

76 D・Baer の記事「*What to do when email is sucking away your soul*」、2013年8月2日、http://www.fastcompany.com/3015162/leadership-now/what-to-do-when-email-is-sucking-away-your-soul

◉ 第8章

77 ティム・ウォーカーの記事「*How Finland keeps kids focused through free play*」、雑誌『*The Atlantic*』オンライン版、2014年6月30日、http://www.theatlantic.com/education/archive/2014/06/how-finland-keeps-kids-focused/373544

78 A・D・Pellegrini、P・D・Davis の研究論文「*Relations between children's playground and classroom behavior*」、学術誌『*British Journal of Educational Psychology*』1993年63号、p88-95、http://dx.doi.org/10.1111/j.2044-8279.1993.tb01043.x

79 ジュリア・ギフォードの記事「*The rule of 52 and 17: It's random, but it ups your productivity*」、2014年7月31日、https://www.themuse.com/advice/the-rule-of-52-and-17-its-random-but-it-ups-your-productivity

◉ 第7章

61　トム・ラス、バリー・コンチー著『ストレングス・リーダーシップ――さあ、リーダーの才能に目覚めよう』、原題『*Strengths based leadership: Great leaders, teams, and why people follow*』、田口俊樹、加藤万里子訳、日本経済新聞出版社、2013年

62　M・Alvarezの記事「*The average American adult spends 8 1/2 hours a day staring into screens*」、BNPパリバのテクノロジー情報センター「*L'Atelier*」のニュースレター、2009年3月31日、http://www.atelier.net/en/trends/articles/average-american-adult-spends-8-12-hours-day-staring-screens

63　B・Sheridanの記事「*Is cue the cure for information overload?*」、ビジネス誌『ブルームバーグ・ビジネスウィーク』オンライン版、2012年6月19日、http://www.businessweek.com/articles/2012-06-19/is-cue-the-cure-for-information-overload

64　P・Iyerの記事「*The joy of quiet*」、『ニューヨーク・タイムズ』紙オンライン版、2011年12月29日、http://www.nytimes.com/2012/01/01/opinion/sunday/the-joy-of-quiet.html

65　V・Woollastonの記事「*How often do you check your phone? The average person does it 110 times a DAY (and up to every 6 seconds in the evening)*」、『デイリー・メール』紙オンライン版、2013年10月8日、http://www.dailymail.co.uk/sciencetech/article-2449632/How-check-phone-The-average-person-does-110-times-DAY-6-seconds-evening.html

66　記事「*May we have your attention, please?*」、ビジネス誌『ブルームバーグ・ビジネスウィーク』オンライン版、2008年6月11日、http://www.businessweek.com/stories/2008-06-11/may-we-have-your-attention-please

67　トニー・シュワルツ、C・Porathのリポート「*Why you hate work*」、『ニューヨーク・タイムズ』紙オンライン版、2014年5月30日、http://www.nytimes.com/2014/06/01/opinion/sunday/why-you-hate-work.html?_r=0

68　マット・キリングスワース、ダン・ギルバートの研究論文「*A wandering mind is an unhappy mind*」、学術誌『サイエンス』2010年330号、p932、http://dx.doi.org/10.1126/science.1192439

69　D・P・Forresterの記事「*How to train yourself to stop multitasking*」、ビジネス誌『ブルームバーグ・ビジネスウィーク』オンライン版、2014年8月6日、http://www.businessweek.com/articles/2014-08-06/how-to-train-yourself-to-stop-multitasking

50　トム・ラス、ジム・K・ハーター著『幸福の習慣』、原題『*Wellbeing*』、森川里美訳、ディスカヴァー・トゥエンティワン、2011年

51　トム・ラス著『*StrengthsFinder 2.0*』、ギャラップ社（ニューヨーク）、2007年

52　J・E・Hunter、R・F・Hunterの研究論文「*Validity and utility of alternative predictors of job performance*」、学術誌『*Psychological Bulletin*』1984年96号、p72-98

53　C・D・Nye、R・Su、J・Rounds、D・Fritzの研究論文「*Vocational interests and performance: A quantitative summary of over 60 years of research*」、学術誌『*Perspectives on Psychological Science*』2012年7号、p384-403、http://dx.doi.org/10.1177/1745691612449021

54　記事「*Why interest is crucial to your success*」、デューク大学オンライン新聞『*Duke Today*』、2014年4月16日、https://today.duke.edu/2014/04/interest

55　P・A・O'Keefe、L・Linnenbrink-Garciaの研究論文「*The role of interest in optimizing performance and self-regulation*」、学術誌『*Journal of Experimental Social Psychology*』2014年53号、p70-78、http://dx.doi.org/10.1016/j.jesp.2014.02.004

56　トム・ラスのブログ記事「*Health is your business*」、作成日不明、http://www.tomrath.org/health-is-your-business/

◉ 第6章

57　M・Corak、P・Pirianoの研究論文「*The intergenerational transmission of employers*」、ドイツの労働研究所（IZA）発行のディスカッションペーパー『*IZA Discussion Paper*』2010年4819号、http://ftp.iza.org/dp4819.pdf

58　D・M・Domenico、K・H・Jonesの研究論文「*Career aspirations of women in the 20th century*」、バージニア工科大学発行のオンライン専門誌『*Journal of Career and Technical Education*』2006年22号、p1-7

59　記事「*Job Crafting Exercises*」、ミシガン大学ロス経営大学院ポジティブ組織センターのウェブサイト、作成日不明、http://positiveorgs.bus.umich.edu/cpo-tools/job-crafting-exercise

60　J・M・Berg、J・E・Dutton、A・Wrzesniewskiの研究論文「*Theory to practice briefing: What is job crafting and why does it matter?*」、ミシガン大学ロス経営大学院Center for Positive Organizational Scholarship、2008年、http://positiveorgs.bus.umich.edu/wp-content/uploads/What-is-Job-Crafting-and-Why-Does-it-Matter1.pdf

39 C・Anderson、M・W・Kraus、A・D・Galinsky、D・Keltner の研究論文「*The local-ladder effect: Social status and subjective well-being*」、学術誌『*Psychological Science*』2012年23号、p764-771、http://dx.doi.org/10.1177/0956797611434537

41 L・Aknin、M・Norton、E・Dunn の研究論文「*From wealth to well-being? Money matters, but less than people think*」、学術誌『*Journal of Positive Psychology*』2009年4号、p523-527、http://dx.doi.org/10.1080/17439760903271421

42 E・W・Dunn、M・Norton の記事「*Don't indulge. Be happy*」、『ニューヨーク・タイムズ』紙オンライン版、2012年7月7日、http://www.nytimes.com/2012/07/08/opinion/sunday/dont-indulge-be-happy.html?pagewanted=all&_r=0

43 C・J・Boyce、G・D・A・Brown、S・C・Moore の研究論文「*Money and happiness: Rank of income, not income, affects life satisfaction*」、学術誌『*Psychological Science*』2010年21号、p471-475、http://dx.doi.org/10.1177/0956797610362671

44 ウォーリック大学のプレスリリース「*Study says money only makes you happy if it makes you richer than your neighbors*」、2010年3月22日、http://www2.warwick.ac.uk/newsandevents/pressreleases/study_says_money/

45 ダニエル・カーネマン、A・B・Krueger、D・Schkade、N・Schwarz、A・A・Stone の研究論文「*Would you be happier if you were richer? A focusing illusion*」、学術誌『サイエンス』2006年312号、p1908-1910

46 K・D・Vohs、N・L・Mead、M・R・Goode の研究論文「*The psychological consequences of money*」、学術誌『サイエンス』2006年314号（5802）、p1154-1156、http://dx.doi.org/10.1126/science.1132491

47 B・Curran、S・Walsworth の研究論文「*Can you pay employees to innovate? Evidence from the Canadian private sector*」、学術誌『*Human Resource Management Journal*』2014年24号、p290–306、http://dx.doi.org/10.1111/1748-8583.12036

◉ 第5章

48 T・Henry 著『Die empty: Unleash your best work every day』、ニューヨーク・ペンギン、2013年

49 R・L・Lowman の記事「ドナルド・O・クリフトン（1924-2003）」、学術誌『*American Psychologist*』2004年59号、p180

29 T・B・Kashdan の記事「*16 ways to motivate anyone: Moving beyond the notion of intrinsic versus extrinsic motivation*」、専門誌『サイコロジー・トゥデイ』オンライン版、2014年7月14日、http://www.psychologytoday.com/blog/curious/201407/16-ways-motivate-anyone

30 エクセター大学のプレスリリース「*Designing your own workspace improves health, happiness and productivity*」、2010年9月7日、http://www.exeter.ac.uk/news/featurednews/title_98638_en.html

31 R・Feloni の記事「*Why Google encourages having a messy desk*」、2014年9月26日、http://finance.yahoo.com/news/why-google-encourages-having-messy-153211039.html

◉ 第3章

32 シソーラス類語辞典オンライン版「*Work*」、作成日不明、http://www.thesaurus.com/browse/work

33 トム・ラス、J・Harter のリポート「*The economics of wellbeing*」、ギャラップ社のウェブサイト「*Gallup Consulting*」、2010年、http://www.gallup.com/services/177050/economics-wellbeing.aspx

34 L・Weber の記事「*U.S. workers can't get no (job) satisfaction*」、経済紙『ウォール・ストリート・ジャーナル』オンライン版、2014年6月18日、http://blogs.wsj.com/atwork/2014/06/18/u-s-workers-cant-get-no-job-satisfaction/

35 コンサルティン会社タワーズワトソンのリポート「*Global workforce study, Engagement at risk: Driving strong performance in a volatile global environment*」、http://www.towerswatson.com/assets/pdf/2012-Towers-Watson-Global-Workforce-Study.pdf

36 トニー・シュワルツ、C・Porath の記事「*Why you hate work*」、『ニューヨーク・タイムズ』紙オンライン版、2014年5月30日、http://www.nytimes.com/2014/06/01/opinion/sunday/why-you-hate-work.html?_r=0

◉ 第4章

37 M・Dewhurst、M・Guthridge、E・Mohr のリポート「*Motivating people: Getting beyond money*」、2009年11月、http://www.mckinsey.com/insights/organization/motivating_people_getting_beyond_money

38 科学的心理学会（Association for Psychological Science）のリポート、「*Respect matters more than money for happiness in life*」、2012年7月20日、https://www.psychologicalscience.org/index.php/news/releases/respect-from-friends-matters-more-than-money-for-happiness-in-life.html

◉ 第2章

20 A・A・Redsand 著『*Victor Frankl: A life worth living*』、New York: Clarion、2006年

21 A・Batthyany の解説記事「*What is Logotherapy and Existential Analysis*」、ヴィクトール・フランクル研究所のウェブサイト「*Viktor Frankl Institut*」、作成日不明、http://www.viktorfrankl.org/e/logotherapy.html

22 O・Khazan の記事「*Meaningful activities protect the brain from depression*」、雑誌『*The Atlantic*』オンライン版、2014年4月21日、http://www.theatlantic.com/health/archive/2014/04/how-meaningful-activities-protect-the-teen-brain-from-depression/360988/

23 E・H・Telzer、A・J・Fuligni、M・D・Lieberman、A・Galván の研究論文「*Neural sensitivity to eudaimonic and hedonic rewards differentially predict adolescent depressive symptoms over time*」、『米国科学アカデミー紀要』2013年111号、p6600-6605、http://dx.doi.org/10.1073/pnas.1323014111

24 エイミー・レズネスキー、バリー・シュワルツの記事「*The secret of effective motivation*」、『ニューヨーク・タイムズ』紙オンライン版、2014年7月4日、http://www.nytimes.com/2014/07/06/opinion/sunday/the-secret-of-effective-motivation.html?_r=0

25 エイミー・レズネスキー、バリー・シュワルツ、X・Cong、M・Kane、A・Omar、T・Kolditz の研究論文「*Multiple types of motives don't multiply the motivation of West Point cadets*」、『米国科学アカデミー紀要』2014年111号、p10990-10995、http://dx.doi.org/10.1073/pnas.1405298111

26 テレサ・アマビール、スティーブン・クレイマー著『*The progress principle: Using small wins to ignite joy, engagement, and creativity at work*』、ハーバード・ビジネス・レビュー・プレス、2011年

27 ダニエル・ピンク著『モチベーション3.0――持続する「やる気！」をいかに引き出すか』、原題『*Drive: The surprising truth about what motivates us*』、大前研一訳、講談社、2010年

28 B・Lazarus の記事「*The train dispatcher who defines what it means to be a gentleman*」、『デイリー・テレグラフ』紙オンライン版、2014年6月30日、http://www.telegraph.co.uk/men/thinking-man/10875975/The-train-dispatcher-who-defines-what-it-means-to-be-a-gentleman.html

9 テレサ・アマビール、スティーブン・クレイマー著『*The progress principle: Using small wins to ignite joy, engagement, and creativity at work*』、ハーバード・ビジネス・レビュー・プレス、2011年

10 アメリカ独立宣言、冒頭（1776年）

11 I・B・Mauss、M・Tamir、C・L・Anderson、N・S・Savinoの研究論文「*Can seeking happiness make people unhappy? Paradoxical effects of valuing happiness*」、学術誌『*Emotion*』2011年11号、p807-815、http://dx.doi.org/10.1037/a0022010

12 T・B・Kashdan、W・E・Breen、T・Julianの研究論文「*Everyday strivings in combat veterans with posttraumatic stress disorder: Problems arise when avoidance and emotion regulation dominate*」、学術誌『*Behavior Therapy*』2010年41号、p350-363

13 A・Grantの記事「*Does trying to be happy make us unhappy? Retrieved*」、2013年3月13日、https://www.linkedin.com/today/post/article/20130513113934-69244073-does-trying-to-be-happy-make-us-unhappy

14 I・B・Mauss、N・S・Savino、C・L・Anderson、M・Weisbuch、M・Tamir、M・L・Laudenslagerの研究論文「*The pursuit of happiness can be lonely*」、学術誌『Emotion』2012年12号、p908-912、http://dx.doi.org/10.1037/a0025299

15 J・Amorteguiの記事「*Why finding meaning at work is more important than feeling happy*」、2014年6月26日、http://www.fastcompany.com/3032126/how-to-find-meaning-during-your-pursuit-of-happiness-atwork

16 ロイ・F・バウマイスター、キャスリーン・D・ヴォース、J・L・Aaker、E・N・Garbinskyの研究論文「*Some key differences between a happy life and a meaningful life*」、学術誌『*Journal of Positive Psychology*』2013年8号、p505-516、http://dx.doi.org/10.1080/17439760.2013.830764

17 E・E・Smithの記事「*There's more to life than being happy*」、雑誌『*The Atlantic*』オンライン版、2013年1月9日、http://www.theatlantic.com/national/archive/2013/01/theres-more-to-life-than-being-happy/266805/?single_page=true

18 バーバラ・フレドリクソン、K・M・Grewen、K.・A・Coffey、S・B・Algoe、A・M・Firestine、S・W・Coleの研究論文「*A functional genomic perspective on human well-being*」、『米国科学アカデミー紀要』2013年110号、p1-6、http://dx.doi.org/10.1073/pnas.1305419110

19 E・E・Smithの記事「*Meaning is healthier than happiness*」、雑誌『*The Atlantic*』オンライン版、2013年8月1日、http://www.theatlantic.com/health/archive/2013/08/meaning-is-healthier-than-happiness/278250/

参考文献

◉ はじめに

1 トム・ラス、ジム・K・ハーター著『幸福の習慣』、原題『*Wellbeing*』、森川里美訳、ディスカヴァー・トゥエンティワン、2011年

2 R・D・Ravert、S・I・Calix、M・J・Sullivan の研究論文「*Research in brief: Using mobile phones to collect daily experience data from college undergraduates*」、学術誌『*Journal of College Student Development*』2010年51号、p343-352、http://dx.doi.org/10.1353/csd.0.0134

3 D・Kahneman、A・Deaton の研究論文「*High income improves evaluation of life but not emotional well-being*」、米国科学アカデミー発行の機関誌『米国科学アカデミー紀要』2010年107号、p16489-16493、http://dx.doi.org/10.1073/pnas.1011492107

4 J・Clifton のリポート「*People worldwide are reporting a lot of positive emotions*」、作成日不明、http://www.gallup.com/poll/169322/people-worldwide-reporting-lot-positive-emotions.aspx

5 ウィキペディア「*List of countries by GDP (nominal) per capita*」(日本語版は「国の国内総生産順リスト（一人当り為替レート)」)、作成日不明、アクセス日2014年12月21日、http://en.wikipedia.org/w/index.php?title=List_of_countries_by_GDP_（nominal）_per_capita&oldid=637426080

6 2014年の8月から12月にかけて、Missionday 社の市場調査部門が行った調査と、グーグルの市場調査サービス（Google Consumer Surveys）を利用した調査で、1万546人の回答が得られた。詳しくはグーグルの次のサイトを参照のこと。https://www.google.com/insights/consumersurveys/static/consumer_surveys_whitepaper_v2.pdf

7 市場調査会社 Harris Interactive のリポート「*Executive summary – The future of millennials' careers*」、2011年1月28日、http://www.careeradvisoryboard.org/public/uploads/2011/10/Executive-Summary-The-Future-of-Millennial-Careers.pdf

◉ 第1章

8 2014年の8月から12月にかけて、Missionday 社の市場調査部門が行った調査と、グーグルの市場調査サービス（Google Consumer Surveys）を利用した調査で、1万546人の回答が得られた。詳しくはグーグルの次のサイトを参照のこと。https://www.google.com/insights/consumersurveys/static/consumer_surveys_whitepaper_v2.pdf

● 『顔は口ほどに嘘をつく』、ポール・エクマン著、菅靖彦訳、河出書房新社、２００６年

あなたがこの本を読んだら、人とのやりとりについての考え方が変わると思います。表情の研究で知られる心理学者が、私たちの表情や感情が1日の質にどんな影響を与えるかを説明しています。

● 『GIVE & TAKE「与える人」こそ成功する時代』、アダム グラント著、楠木建訳、三笠書房、２０１４年

なぜ「TAKE」よりも「GIVE」のほうがいいかを教えてくれるすばらしい本です。ペンシルベニア大学ウォートン校教授のアダム・グラントは、このテーマについて、実にたくさんの調査を行いました。よりよいキャリア、組織、コミュニティーを築くための最高のガイドと言えるでしょう。

● 『*Die Empty: Unleash Your Best Work Every Day*（やり残したまま死ぬのはやめよう――今日できることを明日に延ばさない)』、トッド・ヘンリー著

「毎日一番大事なことをやる」というテーマの本では、私にとっては、最も刺激的で、最も説得力のある一冊でした。読むだけで、明日はもっとがんばろうという気になることうけあいです。

● 『モチベーション３・０――持続する「やる気！」をいかに引き出すか』、ダニエル・ピンク著、大前研一訳、講談社、２０１０年

私たちにとってほんとうのモチベーションになるものを、このすばらしい本が教えています。著者が数十年前の重要な調査を紹介し、私たちの仕事や私生活に「内発的動機づけ」を増やすことの重要性を伝えています。

● 『そのひとクチがブタのもと』、ブライアン・ワンシンク著、中井京子訳、集英社、２００７年

食べものの選択がもっと上手になりたいなら、この本が一番のおすすめです。ブライアン・ワンシンクは食行動の心理学の世界的権威で、私たちが長期的な利益に反する選択をすることが多いのはなぜか、といったことを研究してきました。

推薦図書

- 『*The progress principle: Using small wins to ignite joy, engagement, and creativity at work*（進捗の法則——小さな成功を積み重ねて、喜び・連帯・創造性を高める）』、テレサ・アマビール、スティーブン・クレイマー著

企業の従業員が書いた約1万２０００の日誌を分析し、有意義な仕事が毎日少しずつ進んでいくことが、従業員のモチベーションにつながっていることを明らかにしました。日々のワークライフについてのすばらしい研究成果がたくさん紹介されています。

- 『つながり——社会的ネットワークの驚くべき力』、ニコラス・A・クリスタキス、ジェイムズ・H・ファウラー著、鬼澤忍訳、講談社、２０１０年

人間関係のネットワークの影響力について膨大な調査を行い、その結果がまとめられています。私たちの人間関係が、思いのほか私たちの健康や仕事、幸福感に影響を与えていることを教えています。

- 『フロー体験　喜びの現象学』、ミハイ・チクセントミハイ著、今村浩明訳、世界思想社、１９９６年

著者は世界でもトップクラスの心理学者。時間が経つのを忘れてしまうほど、好きなことにのめり込んでいる状態を「フロー」という言葉で表し、フロー体験のさまざまな例を紹介しています。

- 『「幸せをお金で買う」５つの授業——HAPPY MONEY』、エリザベス・ダン、マイケル・ノートン著、古川奈々子訳、KADOKAWA/中経出版、２０１４年

「お金の使い方」についての本のなかで、一番影響を受けたのがこの本です。著者２人は世界でもトップクラスの研究者で、消費行動や幸福のエキスパートです。私はこの本を読んで、時間やお金をなにに優先的に使うか、考え直すことになりました。

◉著者プロフィール
トム・ラス *Tom Rath*

ギャラップ社（世論調査とコンサルティングを専門とする企業）の上級科学者兼アドバイザー、ペンシルベニア大学ゲスト講師、研究者、作家、講演者。ミシガン大学とペンシルベニア大学で学位を取得。人間の行動のビジネスや健康、ウェルビーイング（幸福）への影響について研究を続けている。過去10年間で5冊の著書が、「米ニューヨーク・タイムズ紙」「アマゾン」「ウォール・ストリート・ジャーナル」などのベストセラーリスト入り。多くの経営者やメディアから、同世代の中で最も優れた知識人、ノンフィクション作家の1人と言われている。アメリカ、バージニア州アーリントン在住。
http://www.tomrath.org/

◉訳者プロフィール
坂東 智子 *Tomoko Bando*

上智大学文学部英文学科卒業。東京都在住。訳書に『自分のタイプを理解すればマネジメントは成功する』（ソフトバンククリエイティブ）、『「お金」の実践経済学』（ＰＨＰ研究所）、『会社のルール』（ディスカヴァー・トゥエンティワン）などがある。

元気は、ためられる

2015年12月 9日　初版発行

著　　者　トム・ラス
訳　　者　坂東 智子
翻訳協力　株式会社トランネット
装　　幀　藤井 由美子
発 行 者　大森 浩司
発 行 所　株式会社ヴォイス　出版事業部
〒106-0031　東京都港区西麻布3-24-17 広瀬ビル
☎03-5474-5777（代表）
☎03-3408-7473（編集）
📠03-5411-1939
http://www.voice-inc.co.jp/
印刷・製本 株式会社光邦

ISBN978-4-89976-446-5 C0011